Konrad Becker

Geldwäschebekämpfung in Kreditinstituten

Analyse der Rechtsrisiken für Bankmitarbeiter

Bachelor + Master Publishing

Becker, Konrad: Geldwäschebekämpfung in Kreditinstituten: Analyse der Rechtsrisiken für Bankmitarbeiter, Hamburg, Bachelor + Master Publishing 2013

Originaltitel der Abschlussarbeit: Rechtsrisiken für Bankmitarbeiter aufgrund der gesetzlichen Anforderungen zur Geldwäschebekämpfung an Kreditinstitute

Buch-ISBN: 978-3-95549-080-5
PDF-eBook-ISBN: 978-3-95549-580-0
Druck/Herstellung: Bachelor + Master Publishing, Hamburg, 2013
Zugl. Universität des Saarlandes, Saarbrücken, Deutschland, Masterarbeit, September 2012

Bibliografische Information der Deutschen Nationalbibliothek:
Die Deutsche Nationalbibliothek verzeichnet diese Publikation in der Deutschen Nationalbibliografie; detaillierte bibliografische Daten sind im Internet über http://dnb.d-nb.de abrufbar.

Das Werk einschließlich aller seiner Teile ist urheberrechtlich geschützt. Jede Verwertung außerhalb der Grenzen des Urheberrechtsgesetzes ist ohne Zustimmung des Verlages unzulässig und strafbar. Dies gilt insbesondere für Vervielfältigungen, Übersetzungen, Mikroverfilmungen und die Einspeicherung und Bearbeitung in elektronischen Systemen.

Die Wiedergabe von Gebrauchsnamen, Handelsnamen, Warenbezeichnungen usw. in diesem Werk berechtigt auch ohne besondere Kennzeichnung nicht zu der Annahme, dass solche Namen im Sinne der Warenzeichen- und Markenschutz-Gesetzgebung als frei zu betrachten wären und daher von jedermann benutzt werden dürften.

Die Informationen in diesem Werk wurden mit Sorgfalt erarbeitet. Dennoch können Fehler nicht vollständig ausgeschlossen werden und die Diplomica Verlag GmbH, die Autoren oder Übersetzer übernehmen keine juristische Verantwortung oder irgendeine Haftung für evtl. verbliebene fehlerhafte Angaben und deren Folgen.

Alle Rechte vorbehalten

© Bachelor + Master Publishing, Imprint der Diplomica Verlag GmbH
Hermannstal 119k, 22119 Hamburg
http://www.diplomica-verlag.de, Hamburg 2013
Printed in Germany

INHALTSVERZEICHNIS/GLIEDERUNG

Teil 1: Einleitung und Zielsetzung 1
Teil 2: Hauptteil 3
A. Darstellung und Systematik der Geldwäschebekämpfung 3
B. Rechtsrahmen der Geldwäschebekämpfung für Kreditinstitute in Deutschland 5
    I. Internationale Regelungsansätze zur Geldwäschebekämpfung 5
        1. Regelungsansätze der Vereinten Nationen 5
        2. Regelungsansätze des Internationalen Währungsfonds 5
        3. Regelungsansätze der Financial Action Task Force on Money Laundering ... 6
        4. Regelungsansätze des Basler Ausschusses für Bankenaufsicht 6
        5. Anti-Geldwäsche-Richtlinien der Europäischen Union 7
    II. Nationale Regelungsansätze zur Geldwäschebekämpfung 8
        1. Geldwäschegesetz (GwG) 8
            a) Ausgangspunkt und Zielsetzung des Geldwäschegesetzes 8
            b) Neufassung durch das Geldwäschebekämpfungsergänzungsgesetz 9
            c) Fortentwicklung nach dem Geldwäschebekämpfungsergänzungsgesetz .. 9
        2. Anwendungsbereich Kreditwesengesetz (KWG) 10
        3. Anwendungsbereich der Rundschreiben der Aufsichtsbehörden 11
        4. Anwendungsbereich Auslegungs- und Anwendungshinweise 12
C. Straftatbestand Geldwäsche (§ 261 StGB) 13
    I. Hintergrund und Entwicklung des Straftatbestands der Geldwäsche 13
    II. Tatbestand 13
        1. Objektiver Tatbestand 13
            a) Tatgegenstand 13
            b) Tathandlung 16
            c) Einschränkungen des Tatbestands 18
        2. Subjektiver Tatbestand 20
            a) Vorsatz 20
            b) Leichtfertigkeit 20
        3. Versuch 23
    III. Strafbefreiung nach § 261 Abs. 9 StGB 23
    IV. Geldwäsche durch Unterlassen 25
D. Pflichten für Kreditinstitute aus dem Geldwäschegesetz (GwG) 28

I. Begriffsbestimmungen 28
II. Verpflichtete 28
III. Sorgfaltspflichten 29
IV. Interne Sicherungsmaßnahmen 30
V. Meldepflichten und Datenverwendung 30
   1. Meldung von Verdachtsfällen 30
   2. Freistellung von der Verantwortlichkeit 32
   3. Zusammenhang zwischen Verdachtsmeldung und Strafanzeige 33
   4. Verbot der Informationsweitergabe 34
VI. Bußgeldvorschriften 34
E. Geldwäschebekämpfung in Kreditinstituten gemäß Kreditwesengesetz (KWG) . 34
   I. Verpflichtete und Regelungsinhalt 34
   II. Pflichten der Kreditinstitute zur Geldwäschebekämpfung 35
      1. Interne Sicherungsmaßnahmen (§ 25c KWG) 35
         a) Geldwäschebeauftragter 35
         b) Gefährdungsanalyse 36
         c) Datenverarbeitungssysteme 37
      2. Sorgfaltspflichten 39
         a) Allgemeine Sorgfaltspflichten 39
         b) Vereinfachte und verstärkte Sorgfaltspflichten 40
F. Bewertung der Vorschriften zur Geldwäsche und Geldwäschebekämpfung 41
G. Fragen zivilrechtlicher Haftung im Zusammenhang mit der Geldwäsche 44
   I. Vorüberlegungen 44
   II. Schadenersatzpflicht des Kreditinstituts aus unerlaubter Handlung ... 45
   III. Schadenersatzpflicht des Bankmitarbeiters aus unerlaubter Handlung ... 46
      1. Vorüberlegungen 46
      2. Schadenersatzpflicht wegen Verletzung besonders geschützter Rechtsgüter 46
      3. Schadenersatzpflicht wegen Verstoß gegen ein Schutzgesetz 47
         a) Schadenersatzpflicht nach § 823 Abs. 2 BGB in Verbindung mit § 261 StGB 47
         b) Schadenersatzpflicht nach § 823 Abs. 2 BGB in Verbindung mit dem GwG 48
      4. Schadenersatzpflicht wegen sittenwidriger vorsätzlicher Schädigung 48
   IV. Zurechnungsfragen 49
   V. Beschränkung der Haftung des Bankangestellten 49
H. Bedeutung der rechtlichen Sanktionen für Bankmitarbeiter 50

- I. Bedeutung strafrechtlicher Risiken für Bankmitarbeiter 50
  - 1. Bewertung des strafrechtlich relevanten Rechtsrahmens 50
  - 2. Persönliche Pflichten des Bankangestellten 51
    - a) Meldepflichten 52
    - b) Schulungsteilnahme 53
  - 3. Persönliche Pflichten des Geldwäschebeauftragten 53
- II. Bedeutung von Ordnungswidrigkeiten für Bankmitarbeiter 54
- III. Bedeutung der zivilrechtlichen Haftung für Bankmitarbeiter 54

Teil 3: Fazit – Handlungsempfehlungen zur Vermeidung von Rechtsverstößen und Ausblick 57

Literaturverzeichnis 59

Teil 1: Einleitung und Zielsetzung

Die Geldwäsche ist ein internationales Phänomen, bei dem jährlich illegal erwirtschaftete Gelder in Höhe von mehreren Milliarden US-Dollar in den legalen Wirtschaftskreislauf eingeschleust werden sollen. In Deutschland existieren größtenteils auf internationale Bemühungen zur Geldwäschebekämpfung zurückzuführende Vorschriften zur Verhinderung der Geldwäsche. Einer der Hauptadressaten der Geldwäschepräventionsvorschriften sind Kreditinstitute. Angesichts des weitreichenden Tatbestands der Geldwäsche für den Bankbeschäftigten steht daher die Frage nach möglichen rechtlichen Risiken im Arbeitsalltag im Hinblick auf Geldwäsche im Raum.

Ziel der Master-Thesis ist eine Darstellung und Bewertung der Rechtsrisiken, denen Bankmitarbeiter im Allgemeinen und Geldwäschebeauftragte der Banken im Besonderen aufgrund dieser gesetzlichen Anforderungen ausgesetzt sind.[1]

Nach einer Einführung zur Bedeutung der Geldwäschebekämpfung für die Kreditwirtschaft wird der für Banken relevante Rechtsrahmen zur Geldwäschebekämpfung erläutert. Dabei erfolgt eine Auseinandersetzung mit dem Straftatbestand der Geldwäsche. Anschließend werden die für die Geldwäschebekämpfung relevanten Vorschriften des Kreditwesengesetzes und des Geldwäschegesetzes erläutert. Es wird untersucht, wie Bankmitarbeiter bzw. Geldwäschebeauftragte von den gesetzlichen Anforderungen an die Geldwäscheprävention betroffen sein können und welche Rechtsfolgen aus der Missachtung von Sorgfaltspflichten oder sonstigen Anforderungen des Geldwäschegesetzes bzw. des Kreditwesengesetzes als Ordnungswidrigkeiten, aus dem Handeln als Täter der Geldwäsche als Straftat sowie aus zivilrechtlicher Haftung entstehen können. Mögliche Rechtskonflikte werden angesprochen. Im Verlauf der Arbeit wird gezeigt, dass bereits der redlich gesinnte Bankmitarbeiter von strafrechtlichen Sanktionen bedroht sein kann; daher wird die vorsätzliche Tatbestandsverwirklichung der Geldwäsche durch Bankmitarbeiter ausgeklammert. Die Masterarbeit schließt mit wesentlichen Handlungsempfehlungen, mit denen Rechtsverstöße durch Bankmitarbeiter im Bereich der Geldwäsche vermieden werden können, als Fazit ab.

---

[1] Die Anforderungen des KWG zur Geldwäscheprävention gelten für Institute, d.h. für Kreditinstitute und Finanzdienstleistungsinstitute, gleichermaßen. Aus Vereinfachungsgründen werden Finanzdienstleistungsinstitute als ebenso Verpflichtete erwähnt, aber nicht näher betrachtet; der Fokus liegt vielmehr auf Kreditinstituten bzw. Banken. Ebenso werden aufgrund der Fokussierung der Arbeit Zahlungsdienstleister und die für sie einschlägigen Rechtsnormen im Zusammenhang mit der Geldwäsche (wie ZAG) ausgeklammert.
Die mit der Geldwäscheprävention in engem Regelungszusammenhang stehenden Vorschriften zur Verhinderung von Terrorismusfinanzierung oder sonstiger strafbarer Handlungen, die zu einer Gefährdung des Vermögens des Instituts führen können, sind nicht Gegenstand dieser Arbeit.

Teil 2: Hauptteil

A. Darstellung und Systematik der Geldwäschebekämpfung

Die Stabilität und die Zuverlässigkeit der Kreditinstitute und des internationalen Finanzsystems sind angesichts der Globalisierung und Liberalisierung des Kapital- und Zahlungsverkehrs einerseits und der transnational organisierten Kriminalität andererseits in hohem Maße von Geldwäscheaktivitäten bedroht.[2]

Der Begriff Geldwäsche bezeichnet einen Prozess, in dem kriminell erwirtschaftete Vermögenswerte bzw. Gelder in den Finanzkreislauf mit dem Ziel ein- und durchgeschleust werden, die illegale Herkunft der Gelder zu verschleiern und die gewaschenen Gelder legalen oder legal erscheinenden Aktivitäten im Wirtschaftskreislauf zuzuführen.[3]

In der Literatur existieren verschiedene Erklärungsmodelle der Geldwäsche, die zumindest alle den gleichen Ausgangspunkt (inkriminierte Vermögensgegenstände) und Endpunkt (Umwandlung in scheinbar legale Vermögensgegenstände) haben.[4] Nach dem Drei-Phasen-Modell der Geldwäsche werden in der ersten Phase, der Platzierung (Placement), illegal erworbene Vermögensgegenstände im Finanzkreislauf untergebracht und in Buchgeld umgewandelt; in der zweiten Phase, der Verschleierung (Layering), wird die Herkunft dieser Vermögensgegenstände durch komplexe Transaktionen verschleiert um diese schließlich in der dritten Phase, der Integration, als scheinbar legalisierte Vermögensgegenstände in den regulären Wirtschaftskreislauf einzubringen.[5] Kreislaufmodelle der Geldwäsche, die die einzelnen Phasen als Zyklus interpretieren, lassen es zu, dass einzelne Phasen übersprungen werden können.[6] Diese Modelle können die Wirksamkeit moderner Geldwäschetechniken plausibler erklären.

Zu klassischen Platzierungstechniken zählen bspw. Täuschung, Bestechung, Umtauschgeschäfte oder Vermischung, zu den klassischen Verschleierungstechniken die Nutzung von Schein- oder Briefkastenfirmen sowie internationale Geldtransfers, integriert werden die „gewaschenen" Vermögensgegenstände klassischerweise über Direktinvestitionen, Kreditgeschäfte oder die Übernahme eigener Gesellschaften.[7] In die klassischen Techniken der Geldwäsche sind in der Regel Kreditinstitute einbezogen, woraus sich der besondere Umfang und die

---

[2] Achtelik/Ganguli, Rn. 1
[3] Achtelik/Ganguli, Rn. 3
[4] Hölscher et al., S. 30
[5] Hölscher et al., S. 32
[6] Hölscher et al., S. 34
[7] Hölscher et al., S. 36 ff.

besondere Detailtiefe der Geldwäschepräventionspflichten von Kreditinstituten im Vergleich zu übrigen Wirtschaftsteilnehmern erklären.

In den modernen Geldwäschetechniken, die regelmäßig auf Internet- und Telekommunikationstechnologien zurückgreifen,[8] spielen Kreditinstitute und der persönliche Kontakt des Bankmitarbeiters mit dem Geldwäscher jedoch eine zunehmend untergeordnete Rolle, weshalb die Frage gerechtfertigt erscheint, ob die besondere Fokussierung auf Kreditinstitute als vom Gesetzgeber zur Geldwäscheprävention Verpflichte noch angemessen und zielführend ist. Internet-Zahlungssysteme (Netzgeld), Internet-Casinos bzw. Internet-Glücksspiele, elektronische Zahlungskarten, Internet-Handel oder Internet-Banking-Systeme zählen zu den Mitteln moderner Geldwäsche.[9]

Zum weltweiten Volumen der Geldwäsche existieren zahlreiche Schätzungen, die meist Beträge von jährlich 1 Billion US-Dollar oder 2 bis 5 Prozent der globalen Wirtschaftsleistung nennen.[10] Aufgrund einer hohen Dunkelziffer sind diese Schätzungen jedoch sehr ungenau. Die veröffentlichten Zahlenangaben der nationalen Geldwäschebehörden können als Indikator für den Umfang der Maßnahmen zur Geldwäschebekämpfung und das wirtschaftliche Ausmaß herangezogen werden. In Deutschland sind nach einem Rückgang 2007 und 2008 die Geldwäscheverdachtsmeldungen wieder deutlich angestiegen und haben 2010 einen neuen Höchststand erreicht, wobei der weit überwiegende Anteil auf Kreditinstitute entfällt.[11] Ein Großteil der Geldwäscheverdachtsmeldungen bezog sich 2010 auf Financial Agent- und Phishing-Aktivitäten.[12] Ansonsten führt das Bundeskriminalamt den Anstieg auf eine möglicherweise irrtümlich zu eng ausgelegte Verdachtsschwelle zurück.[13] Dies verdeutlicht, dass aus der Entwicklung der gemeldeten Verdachtsfälle nicht ohne Weiteres auf die Entwicklung der Anzahl oder gar des Volumens der Geldwäsche geschlossen werden kann, so dass Schätzungen nur grobe Anhaltspunkte liefern können.

In Zeiten transnationaler Finanzströme und globalisierter Finanzmärkte ist die Akkumulation „schmutzigen" Geldes als Gefahr für die politische und wirtschaftliche Stabilität und für legal handelnde Wirtschaftsteilnehmer anzusehen, so dass ein abgestimmtes Vorgehen aus internationaler Ebene erforderlich erscheint.[14] Angesichts der Bedrohung der Integrität, Solidität und Stabilität des internationalen Finanzsystems durch die Geldwäsche hat die Staatengemeinschaft verschie-

---

[8] Hölscher et al., S. 41
[9] Hölscher et al., S. 41; Bundeskriminalamt, S. 12 ff.
[10] Fischer, Thomas, § 261 StGB Rn. 4
[11] Bundeskriminalamt, S. 8
[12] Bundeskriminalamt, S. 8
[13] Bundeskriminalamt, S. 8
[14] Findeisen, Rn. 1

dene Gegenmaßnahmen und Initiativen ergriffen; tendenziell ist dabei ein Paradigmenwechsel von einer regelbasierten hin zu einer im Wesentlichen risikoorientierten Geldwäschebekämpfung erkennbar.[15] Die nationalen Aufsichtsbehörden sind unter Beachtung internationaler, europäischer und nationaler Rechtsnormen und Empfehlungen für die Durchführung der Geldwäschebekämpfung verantwortlich.[16] Die nationalen Behörden, die mit der Geldwäschebekämpfung beauftragt sind, werden als Financial Intelligence Unit (FIU) bezeichnet. In Deutschland ist dies die Zentralstelle für Verdachtsanzeigen beim Bundeskriminalamt.

B. Rechtsrahmen der Geldwäschebekämpfung für Kreditinstitute in Deutschland
I. Internationale Regelungsansätze zur Geldwäschebekämpfung

1. Regelungsansätze der Vereinten Nationen
Die Vereinten Nationen (UN) waren die erste internationale Organisation, die bedeutende Anstrengungen zur Geldwäschebekämpfung unternommen haben. Die Rolle der UN im Kampf gegen die Geldwäsche ist unter drei Aspekten wichtig: Erstens sind die UN die internationale Organisation mit den meisten Mitgliedstaaten und verfügen somit über das breiteste Mandat, zweitens unterhalten die UN ein globales Programm gegen Geldwäsche (Global Programme Against Anti Money Laundering) und drittens können die UN internationale Verträge und Konventionen verabschieden, die Rechtsbindung auf nationaler Ebene erzeugen.[17] Im Bereich der Geldwäsche-Bekämpfung zählen dazu bspw. das Wiener Übereinkommen[18] oder das Palermo-Übereinkommen[19]. Diese UN-Konventionen haben große Bedeutung als Ausgangspunkt der Entwicklung internationalen Vorschriften zur Geldwäscheprävention.[20]

2. Regelungsansätze des Internationalen Währungsfonds
Eine der Zielsetzungen des Internationalen Währungsfonds (IWF) ist die Verhinderung möglicher negativer Auswirkungen von Geldwäsche und Terrorismusfinanzierung auf die Stabilität sowie Solidität von Volkswirtschaften und deren Finanzsystemen. Um dieses Ziel zu erreichen, erstellt der IWF bspw. Studien zum

---

[15] Achtelik/Ganguli, Rn. 5
[16] Hölscher et al., S. 2
[17] Schott, S. III-2
[18] United Nations Convention Against Illicit Traffic in Narcotic Drugs and Psychotropic Substances, http://www.unodc.org/pdf/convention_1988_en.pdf, abgerufen am 16.09.2012
[19] United Nations Convention against transnational organized crime, http://www.uncjin.org/Documents/Conventions/dcatoc/final_documents_2/convention_eng.pdf, , abgerufen am 16.09.2012
[20] Achtelik/Ganguli, Rn. 7

Entwicklungsstand und zur Wirksamkeit der Geldwäschebekämpfungssysteme einzelner Staaten und leitet daraus Empfehlungen für Politik und Gesetzgebung dieser Länder ab.[21] Der IWF hatte einen Thematischen Treuhandfonds zur Unterstützung der technischen Hilfe auf dem Gebiet der Bekämpfung von Geldwäsche und Terrorismusfinanzierung aufgelegt.[22]

3. Regelungsansätze der Financial Action Task Force on Money Laundering

Der weltweit führende Standardsetzer auf dem Gebiet der Bekämpfung der Geldwäsche ist die 1989 von den G7-Staaten ins Leben gerufene Financial Action Task Force on Money Laundering (FATF). Die FATF hat derzeit 36 Mitgliedern, zu denen neben Staaten wie Deutschland auch die EU-Kommission gehört. Im Jahr 1992 hat die FATF Empfehlungen für den Bereich der Geldwäsche erarbeitet und seitdem weiterentwickelt. Diese Empfehlungen werden vom Internationalen Währungsfonds (IWF) und der Weltbank anerkannt, die sie den von ihnen durchgeführten Länderprüfungen zugrunde legen. Auch die FATF führt Länderprüfungen durch. Die im Jahr 2001 um den Bereich Terrorismusfinanzierung ergänzten Empfehlungen zur Bekämpfung der Geldwäsche (sog. 40 + 9 Empfehlungen) wurden von der FATF inzwischen überarbeitet und als neu gefasste 40 Empfehlungen am 16. Februar 2012 veröffentlicht.[23]
Die Empfehlungen der FATF bilden die Grundlage für die Gesetzgebung der EU und ihrer Mitgliedstaaten zur Geldwäscheprävention. Gleichwohl stellen die Standards der FAFT rechtlich unverbindliche Empfehlungen und nicht etwa verbindliches Völkerrecht dar: Ihre Befolgung wird über Gruppendruck innerhalb der Staatengemeinschaft erzeugt, da die Umsetzung der FATF-Empfehlungen notwendige Voraussetzung für einen Staat ist, seinen Verpflichtungen im Bereich der Geldwäschebekämpfung nachzukommen.[24]

4. Regelungsansätze des Basler Ausschusses für Bankenaufsicht

Der Baseler Ausschuss für Bankenaufsicht (Englisch: Basel Committee on Banking Supervision, BCBS) entwickelt abgestimmte Regeln zur Bankenaufsicht auf internationaler Ebene; Mitglieder sind Notenbanken und Aufsichtsbehörden verschiedener Länder. Wie die FATF hat der Basler Ausschuss für Bankenaufsicht keine Gesetzgebungskompetenz und beschränkt sich auf die Erarbeitung von bankenaufsichtlichen Standards und Richtlinien, die die Mitgliedstaaten in gesetzliche oder zumindest informelle Bankenaufsichtsmaßnahmen umsetzen sol-

---

[21] Hölscher et al., S. 2
[22] Internationaler Währungsfonds, S. 38
[23] BaFin 2/2012, n. pag.
[24] Achtelik/Ganguli, Rn. 9

len.[25] Der Baseler Ausschuss hat mehrere Richtlinien und Standards im Bereich der Geldwäschebekämpfung veröffentlicht, die teilweise auf die FATF-Empfehlungen Bezug nehmen.[26]

5. Anti-Geldwäsche-Richtlinien der Europäischen Union

Die Richtlinie 91/308/EWG des Rates vom 10. Juni 1991 zur Verhinderung der Nutzung des Finanzsystems zum Zwecke der Geldwäsche[27] wurde erlassen, um dem Missbrauch des Finanzsystems zum Zwecke der Geldwäsche koordiniert auf Gemeinschaftsebene entgegenzuwirken. Mit der Richtlinie wurden die Mitgliedstaaten verpflichtet, Geldwäsche zu untersagen und den Finanzsektor zu verpflichten, die Identität seiner Kunden festzustellen, angemessene Aufzeichnungen aufzubewahren, interne Verfahren zur Schulung des Personals einzuführen und Vorkehrungen gegen Geldwäsche zu treffen sowie den zuständigen Behörden Transaktionen zu melden, die auf Geldwäsche hindeuten.[28]

Die Richtlinie 2001/97/EG des Europäischen Parlaments und des Rates vom 4. Dezember 2001 zur Änderung der Richtlinie 91/308/EWG des Rates zur Verhinderung der Nutzung des Finanzsystems zum Zwecke der Geldwäsche[29] setzte verschiedene Änderungen und Aktualisierungen um, die den hohen Standard beim Schutz des Finanzsektors vor den nachteiligen Auswirkungen der Geldwäsche erhalten sollten.[30] So wurde bspw. das Spektrum der Vortaten der Geldwäsche erweitert.[31]

Die Richtlinie 2005/60/EG des Europäischen Parlaments und des Rates vom 26. Oktober 2005 zur Verhinderung der Nutzung des Finanzsystems zum Zwecke der Geldwäsche und der Terrorismusfinanzierung[32] (Dritte Anti-Geldwäsche-Richtlinie) hob die Erste Anti-Geldwäsche-Richtlinie auf.[33] Sie geht vom regelbasierten zum risikobasierten Ansatz über, der den Kreditinstituten Ermessens- und Beurteilungsspielräume lässt, bspw. durch spezifische Anpassungen an selbst erkannte Risiken.[34] Dies folgt wie auch bei der Umsetzung der vorherigen Anti-Geldwäsche-Richtlinien den FATF-Empfehlungen. Zu den Kernpunkten des risikobasierten Ansatzes gehören die Bildung von Risikokategorien, allgemeine kundenbezogene Sorgfaltspflichten und die Implementierung eines internen

---

[25] Achtelik/Ganguli, Rn. 11
[26] Achtelik/Ganguli, Rn. 12
[27] ABl. L 166 vom 28.6.1991, S. 77
[28] ABl. L 309 vom 25.11.2005, S. 15, 4. Erwägungsgrund
[29] ABl. L 344 vom 28.12.2001, S. 76
[30] ABl. L 344 vom 28.12.2001, S. 76, 1. Erwägungsgrund
[31] ABl. L 344 vom 28.12.2001, S. 76, 8. Erwägungsgrund
[32] ABl. L 309 vom 25.11.2005, S. 15
[33] ABl. L 309 vom 25.11.2005, S. 15, Art. 44
[34] Achtelik/Ganguli, Rn. 16

Kontrollsystems.[35] Zwar sind die Institute unter dem risikobasierten Ansatz flexibler in der Ausgestaltung ihrer internen Sicherungsmaßnahmen, jedoch erwächst daraus eine größere Verantwortung bezogen auf die Angemessenheit der getroffenen Maßnahmen.[36] Gemäß Art. 5 der Dritten Anti-Geldwäsche-Richtlinie stellt diese eine Mindestharmonisierung dar.

II. Nationale Regelungsansätze zur Geldwäschebekämpfung
1. Geldwäschegesetz (GwG)

a) Ausgangspunkt und Zielsetzung des Geldwäschegesetzes

Das Geldwäschegesetz trat in seiner ursprünglichen Fassung am 29. November 1993 in Kraft[37] und diente der Umsetzung der Ersten Anti-Geldwäsche-Richtlinie sowie der FATF-Empfehlungen in ihrer Fassung vom 7. Februar 1990.[38] Die Vorschriften des Geldwäschegesetzes stellen Maßnahmen zur möglichst umfassenden Vorbeugung bzw. Unterbindung von Geldwäsche dar, die einen bestimmten Kreis von Personen, die mit der Übertragung von Vermögensgegenständen befasst sind, verpflichten.[39] Der Kreis der Verpflichteten wurde mit den Novellierungen des GwG immer weiter gefasst. Das GwG steht mit dem Straftatbestand des § 261 StGB in funktionalem Zusammenhang, da es dessen Unterbindung durch bestimmte Maßnahmen und Pflichten flankiert, ohne jedoch zu einer Art Durchführungsgesetz zum Straftatbestand zu werden.[40] Das GwG dient der Strukturprävention gegen Geldwäsche durch Maßnahmen des Wirtschaftsverwaltungsrechts und ist somit mit einem zu § 261 StGB eigenständigen Regelungskreis den gewerberechtlichen Vorschriften zuzuordnen.[41] Verstöße gegen das Geldwäschegesetz werden daher als Ordnungswidrigkeit nach § 17 GwG sanktioniert.

Von zentraler Bedeutung für die Beurteilung der strafrechtlichen und zivilrechtlichen Risiken, denen Bankmitarbeiter im Rahmen ihrer Geschäftshandlungen ausgesetzt sind, ist dabei § 11 GwG als gewerberechtliche Meldepflicht. Diese Vorschrift ist für die Frage der leichtfertigen Begehung der Geldwäsche nach § 261 Abs. 5 StGB und in ihrem Verhältnis zum Strafaufhebungsgrund nach § 261 Abs. 9 StGB relevant.[42]

---

[35] Achtelik/Ganguli, Rn. 17
[36] Schlicht, Rn. 489
[37] Artikel 1 G. v. 25.10.1993 BGBl. I S. 1770; aufgehoben durch Artikel 11 G. v. 13.08.2008 BGBl. I S. 1690
[38] BaFin 1997, n. pag.
[39] Fischer, Eva, S. 51
[40] Findeisen, Rn. 9
[41] Findeisen, Rn. 9
[42] Schema nach Fischer, Eva, S. 52

b) Neufassung durch das Geldwäschebekämpfungsergänzungsgesetz

Durch das Gesetz zur Ergänzung der Bekämpfung der Geldwäsche und der Terrorismusfinanzierung (GwBekErgG)[43] wurde das GwG in seiner ursprünglichen Fassung vom 29. November 1993 aufgehoben. Das GwBekErgG diente der Umsetzung der Dritten Anti-Geldwäsche-Richtlinie sowie der Durchführungsbestimmungen zu dieser Richtlinie[44]. Das neugefasste GwG trat am 21. August 2008 in Kraft. Mit dem GwBekErgG wurde der risikobasierte Ansatz im GwG verankert. Neben dem GwG wurden durch das GwBekErgG verschiedene für Kreditinstitute und deren Angestellte relevante Rechtsnormen des Strafgesetzbuchs (Erweiterung des Vortatenkatalogs), des Kreditwesengesetzes (Einführung eines neuen Unterabschnitts mit spezifischen Regelungen für Institute), der Abgabenordnung oder der Prüfberichtsverordnung geändert.

c) Fortentwicklung nach dem Geldwäschebekämpfungsergänzungsgesetz

Mit dem Gesetz zur Umsetzung der Zweiten E-Geld-Richtlinie (EGeldRL2UmsG)[45] wurden weitere Neuregelungen im GwG, der PrüfBV sowie in den geldwäscherechtlichen Vorschriften des Kreditwesengesetzes (KWG) als Konsequenz aus dem Prüfbericht der FATF vom 19. Februar 2010, der Defizite im deutschen Recht bei der Geldwäschebekämpfung identifiziert hatte, umgesetzt.[46]

Nachdem mit dem Gesetz zur Umsetzung der Zweiten E-Geld-Richtlinie bereits aufsichtsrechtliche Defizite im Präventionssystem gegen Geldwäsche im Finanzsektor beseitigt wurden, wurden nach Ansicht der Bundesregierung zusätzliche Änderungen im Geldwäschegesetz zur Einhaltung der FATF-Standards erforderlich, die den Wirtschaftsstandort Deutschland sicherer gegen Geldwäsche und Terrorismusfinanzierung machen sollten.[47] Darüber hinaus wurde Art. 37 der Dritten Anti-Geldwäsche-Richtlinie nicht vollständig im nationalen Recht umgesetzt.[48] Diesen beiden Erfordernissen sollte durch das Gesetz zur Optimierung der Geldwäscheprävention (GwPrävOptG)[49] Rechnung getragen werden, insbesondere durch eine Vervollständigung und Konkretisierung der Sorgfaltspflichten und internen Sicherungsmaßnahmen sowie eine Anpassung des Verdachtsmeldewesens.[50] Das GwPrävOptG trat grundsätzlich am 29. Dezember 2011, einige Regelungen jedoch erst ab 1. März 2012 in Kraft.

---

[43] BGBl I 2008, S. 1690
[44] ABl. L 214 vom 4.8.2006, S. 29
[45] BGBl I 2011, S. 288
[46] Achtelik/Ganguli, Rn. 33
[47] BT-Drs. 17/6804, S. 1 f.
[48] BT-Drs. 17/6804, S. 1
[49] BGBl I 2011, S. 2959
[50] BT-Drs. 17/6804, S. 2

Es ist davon auszugehen, dass das GwPrävOptG nicht das letzte Gesetzgebungsvorhaben zur Geldwäschebekämpfung, sondern vielmehr eine von vielen Gesetzesänderungen darstellt, die sich noch über die nächsten Jahre hinziehen werden.[51] Zukünftige Änderungen sind nach der Aktualisierung der FATF-Empfehlungen vom Februar 2012 und einer unter anderem aus diesen erforderlichen Überarbeitung der EU-Geldwäschevorschriften zu erwarten.

2. Anwendungsbereich Kreditwesengesetz (KWG)

Durch ihre Funktion als Kapitalintermediär und ihre Stellung im Zahlungsverkehr sind Kreditinstitute und Finanzdienstleister als Mittel der Geldwäsche oder der Terrorismusfinanzierung besonders attraktiv, da sie besonders dazu missbraucht werden können, die illegale Herkunft von Geldern zu verschleiern.[52]

In einem jüngsten Beispielfall wirft der amerikanische Senat der britische Großbank HSBC Geldwäsche, Begünstigung, Terrorfinanzierung und Unterstützung von Drogenhandel vor.[53] Ein solcher Fall kann für ein Institut zu einem schweren Vertrauens- und Imageschaden sowie – insbesondere in den USA – zu Strafzahlungen bzw. Bußgeldern in Milliardenhöhe führen.

Die bankenaufsichtsrechtlichen Vorschriften in Deutschland umfassten daher schon vor Umsetzung des GwBekErgG in § 25a KWG a.F. interne Sicherungsmaßnahmen zur Geldwäscheprävention. Mit dem GwBekErgG wurden mit den für Kredit- und Finanzdienstleistungsinstitute geltenden §§ 25c bis 25h KWG spezifische Vorschriften gegen Geldwäsche geschaffen. Diese Vorschriften konkretisieren die allgemeinen Verpflichtungen nach dem GwG auf Basis des Geschäftsmodells und des Risikomanagements der Institute; mit dem EGeldRL2UmsG wurden diese Regelungen weiter präzisiert und nachjustiert. Mit dem GwPrävOptG wurden Vorschriften zum Verdachtsmeldewesen bei der Zentralstelle für Verdachtsanzeigen ergänzt und angepasst, ferner wurde § 25i KWG eingeführt, der Sorgfalts- und Organisationspflichten beim E-Geld-Geschäft regelt.[54]

Die §§ 25c bis 25i KWG verpflichten somit, unbeschadet der in § 9 Abs. 1 und 2 GwG aufgeführten Pflichten, Institute zu weiteren Maßnahmen zur Geldwäscheprävention, wie bspw. der Bestellung eines Geldwäschebeauftragten.

Als lex specialis gehen die §§ 25c bis 25i KWG den Anforderungen des GwG vor. Die Aufnahme der Geldwäschebekämpfungsvorschriften in das KWG als Kernbereich des Bankenaufsichtsrechts gibt der Bankenaufsicht erweiterte Durchset-

---

[51] Moseschus/Wessel, S. 543
[52] Achtelik/Ganguli, Rn. 42
[53] Bremser, n. pag.
[54] BGBl I 2011, Nr. 70, S. 2959-2974 (2967)

zungs- und Sanktionsmöglichkeiten[55] im Vergleich zum GwG als allgemeinem gewerberechtlichen Instrumentarium.

3. Anwendungsbereich der Rundschreiben der Aufsichtsbehörden

Neben den für die Institute geltenden jeweils aktuellen Rechtsnormen zur Geldwäschebekämpfung veröffentlicht die Bundesanstalt für Finanzdienstleistungsaufsicht (BaFin) Rundschreiben zur Geldwäsche, in denen unter anderem Bezug zu rechtlich unverbindlichen Empfehlungen, wie denen der FATF, genommen wird. Ebenso wurden durch solche Rundschreiben die von der Deutschen Kreditwirtschaft (DK) veröffentlichten Auslegungs- und Anwendungshinweise zur Verhinderung von Geldwäsche, Terrorismusfinanzierung und sonstigen strafbaren Handlungen[56] als Verwaltungspraxis anerkannt.[57] Der Hessische Verwaltungsgerichtshof stellte jedoch klar, dass den Rundschreiben der BaFin weder gegenüber den Adressaten noch gegenüber den Gerichten eine wie auch immer geartete Rechtsverbindlichkeit zukommen kann, sondern es sich lediglich um die Kundgabe der Rechtsauffassung der BaFin handelt.[58] Somit vermögen die Rundschreiben der BaFin in keiner Weise eine Rechtsbindung rechtlich unverbindlicher Vorgaben herbeizuführen. Es handele sich dabei jedoch um normkonkretisierende und norminterpretierende Aufsichtshandlungen mit praxis- und risikogerechten Auslegungen zu den generalklauselartigen Pflichten des GwG zur Sicherstellung einer einheitlichen Verwaltungspraxis,[59] deren Rechtmäßigkeit die BaFin gelegentlich auf spezialgesetzliche Ermächtigungsgrundlagen wie § 6 KWG stützt und bei Nichtbeachtung entsprechende Sanktionen wie Bußgeldverfahren nach § 56 Abs. 1 Nr. 6 KWG androht, so dass Kreditinstitute nach einer Risikoabwägung bei Widersprüchen zwischen zivilrechtlicher und öffentlich-rechtlicher Zulässigkeit grundsätzlich nicht umhinkommen, die in einem Rundschreiben bzw. einer Verlautbarung festgelegten Pflichten zu erfüllen.[60]

Eine fehlerhafte Umsetzung derartiger Anordnungen über Verlautbarungen birgt daher zwar für den einzelnen Bankmitarbeiter keinerlei zivil- oder strafrechtliche Rechtsrisiken, sehr wohl aber für das Kreditinstitut und seine Organe aufgrund der Sanktionsnormen nach dem KWG. Die vom Bundesaufsichtsamt für das Kreditwesen (BaKred, Rechtsvorgänger der BaFin) angedrohte Sanktionierung von Verstößen der Anzeigepflicht nach GwG mit Mitteln des KWG dürfte unzulässig

---

[55] Findeisen, Rn. 20
[56] Die Deutsche Kreditwirtschaft
[57] BaFin 1/2012
[58] Hessischer VGH, Urteil vom 31.5.2006 – 6 UE 3256/05, juris Rn. 71 (JURE060088303)
[59] Findeisen, Rn. 17
[60] Fülbier in Fülbier/Aepfelbach, Einleitung Rn. 114 ff.

sein, da diese nicht zur Sanktionierung von Verstößen gegen allgemeine Rechtsnormen wie die des GwG herangezogen werden dürften.[61] Zumindest hinsichtlich der FATF-Vorgaben gibt der durch das Gesetz zur Umsetzung der Zweiten E-Geld-Richtlinie geänderte § 25f Abs. 5 KWG der BaFin in bestimmten Fällen jedoch die Möglichkeit, anstelle von Rundschreiben zusätzliche Sorgfaltspflichten und Organisationspflichten als Einzel- oder Sammelverwaltungsakte anzuordnen.

4. Anwendungsbereich Auslegungs- und Anwendungshinweise

Die gesetzlichen Vorschriften zur Verhinderung von Geldwäsche und Terrorismusfinanzierung im GwG und KWG werden durch die „Auslegungs- und Anwendungshinweise der Deutschen Kreditwirtschaft zur Verhinderung von Geldwäsche, Terrorismusfinanzierung und sonstigen strafbaren Handlungen"[62] in ihrer jeweils gültigen Fassung konkretisiert. In der Deutschen Kreditwirtschaft sind die Spitzenverbände der Kreditwirtschaft zusammengeschlossen. Die Auslegungs- und Anwendungshinweise werden im Einvernehmen mit dem Bundesministerium der Finanzen und der BaFin im Hinblick auf die gesetzlichen Anforderungen erstellt. Die Hinweise umfassen jedoch nicht nur die gesetzlichen Vorschriften nach GwG und KWG, sondern beziehen auch die über Rundschreiben verlautbarte Verwaltungspraxis der BaFin ein. Insofern stellen die Auslegungs- und Anwendungshinweise in gewisser Weise ein rechtliches Anerkenntnis der Verwaltungspraxis der BaFin in Form einer Selbstverpflichtung durch die Deutsche Kreditwirtschaft dar. Die BaFin erkennt wiederum per Rundschreiben den Inhalt der Auslegungs- und Anwendungshinweise an, so dass der Text damit der Verwaltungspraxis der BaFin entspricht.[63] Aus den Auslegungs- und Anwendungshinweisen kann eine Rechtsbindung der Institute gegenüber den Aufsichtsbehörden abgeleitet werden, so dass die Beschäftigten in den Instituten ungeachtet der fraglichen Rechtsbindung der Rundschreiben Rechtssicherheit bei der Auslegung der für die Kreditinstitute relevanten Vorschriften zur Bekämpfung der Geldwäsche erhalten. Dies gilt jedoch nur für die öffentlich-rechtliche Beziehung zwischen Instituten und Aufsichtsbehörden und kann keine Rechtssicherheit im zivilrechtlichen Bereich schaffen.

---

[61] Fülbier in Fülbier/Aepfelbach, Einleitung Rn. 122 f.
[62] Die Deutsche Kreditwirtschaft
[63] BaFin 1/2012, Abs. 4

C. Straftatbestand Geldwäsche (§ 261 StGB)

I. Hintergrund und Entwicklung des Straftatbestands der Geldwäsche

Mit Aufnahme des § 261 StGB ins Strafgesetzbuch hat der Gesetzgeber den Tatbestand der Geldwäsche strafbewehrt. Die Vorschrift wurde mit dem Gesetz zur Bekämpfung des illegalen Rauschgifthandels und anderer Erscheinungsformen der Organisierten Kriminalität (OrgKG) zur Umsetzung des Suchtstoffübereinkommens der Vereinten Nationen[64] ins StGB aufgenommen. § 261 StGB sollte hauptsächlich organisierte Kriminalität bekämpfen, indem die Einschleusung inkriminierter Vermögenswerte in den legalen Finanz- und Wirtschaftskreislauf zum Zwecke der Tarnung verhindert werden sollte.[65] An dieser Schnittstelle sieht der Gesetzgeber einen Ansatz, in die Strukturen organisierter Kriminalität einzudringen.[66]

Der Straftatbestand der Geldwäsche ist als Anschlussdelikt gestaltet, das heißt er setzt auf eine andere rechtswidrige Tat, der Vortat, auf.

Durch die Europarats-Konvention über Geldwäsche sowie Ermittlung, Beschlagnahme und Einziehung von Erträgen aus Straftaten[67] sowie der Ersten, Zweiten und Dritten Anti-Geldwäsche-Richtlinie wurde § 261 StGB angepasst und aktualisiert. Durch die Aktualisierungen wurde vor allem der Vortatenkatalog ausgedehnt und umfasst nach aktuellem Stand nicht mehr allein Vortaten, die sich im Bereich der organisierten Kriminalität abspielen.

Der Straftatbestand der Geldwäsche wird durch das präventiv ausgerichtete GwG ergänzt, das eine allgemeine Geldwäscheverhütungspflicht mit den darauf basierenden umfassenden Identifizierungs-, Dokumentations- und Meldepflichten statuiert.[68] Für Institute lässt sich dieser Zusammenhang auf die speziellen Vorschriften der §§ 25c ff. KWG ausdehnen. Jedoch hat § 261 StGB als allgemeine Strafnorm keinen unmittelbaren Bezug zu den Pflichten des GwG, die für einen speziellen Adressatenkreis gelten.[69]

II. Tatbestand

1. Objektiver Tatbestand

a) Tatgegenstand

Gemäß § 261 Abs. 1 S. 1 StGB ist jeder Gegenstand, der aus einer rechtswidrigen Tat nach § 261 Abs. 1 S. 2 StGB herrührt, tauglicher Tatgegenstand.

---

[64] BGBl II 1993, S. 1136
[65] BT-Drs. 12/989, S. 26
[66] BT-Drs. 12/989, S. 26
[67] BGBl II 1998, S. 519
[68] Jahn in SSW-StGB, § 261 StGB Rn. 8
[69] Findeisen, Rn. 8

aa) Vermögensgegenstände

Der Begriff des Gegenstands muss nach der Konzeption des Gesetzes weit interpretiert werden, er umfasst Sachen und Rechte aller Art einschließlich Forderungen, soweit und solange diese einen messbaren Vermögenswert besitzen.[70] Für Kreditinstitute sind insbesondere Bargeld, Buchgeld in jeglicher Währung, Wertpapiere, sonstige Unternehmensbeteiligungen, Forderungen sowie Edelmetalle relevant.[71] Dabei ist irrelevant, ob es sich um rechtlich anerkannte Werte oder um Gegenstände handelt, deren Herstellung oder Besitz verboten sind.[72]

bb) Vortaten

Der taugliche Tatgegenstand muss aus einer der in § 261 Abs. 1 S. 2 StGB genannten rechtswidrigen Tat herrühren. Dieser Vortatenkatalog ist abschließend (Enumerationsprinzip). Der inzwischen weit gefasste Vortatenkatalog geht schon weit über Straftaten der organisierten Kriminalität hinaus.

Die maßgebliche Vortat muss tatsächlich begangen, jedoch nicht bereits beendet sein; ausreichend ist grundsätzlich auch der Versuch sowie die Teilnahme an der Vortat unter diesen Voraussetzungen.[73] Ferner muss die Tat nach § 261 Abs. 1 S. 1 StGB rechtswidrig sein. Die Rechtswidrigkeit muss im Zeitpunkt der Verurteilung wegen Geldwäsche noch gegeben sein.[74] Die Tat wäre dann nicht rechtswidrig, wenn Rechtfertigungsgründe vorliegen. Bei den Vortaten kommt es nach dem Gesetzeswortlaut nicht auf die Tat eines anderen an, so dass sich der Täter einer der aufgeführten Vortaten auch der Geldwäsche schuldig machen kann. Allerdings scheidet in diesem Fall nach dem Verbot der Doppelbestrafung[75] die Bestrafung des Vortäters gemäß § 261 Abs. 9 S. 2 StGB dann aus, wenn er sich wegen der Beteiligung an der Vortat strafbar gemacht hat.

Gemäß § 261 Abs. 8 StGB stehen den in den § 261 Abs. 1, 2 und 5 StGB bezeichneten Gegenständen solche gleich, die aus einer im Ausland begangenen Tat der in § 261 Abs. 1 S. 2 StGB bezeichneten Art herrühren, wenn die Tat auch am Tatort mit Strafe bedroht ist. Durch diese partielle Gleichstellung von Inlands- und Auslandsvortaten soll der internationalen Verflechtung der Finanzmärkte Rechnung getragen werden[76], was insbesondere für Kreditinstitute relevant ist.

Nach der Systematik des § 261 Abs. 1 S. 2 StGB sind sämtliche Straftatbestände, die nach § 12 Abs. 1 StGB Verbrechen sind, taugliche Vortaten; jedoch sind hingegen nur diejenigen Vergehen taugliche Vortaten, die ausdrücklich in § 261

---

[70] Jahn in SSW-StGB, § 261 StGB Rn. 12
[71] BT-Drs. 12/989, S. 27
[72] Jahn in SSW-StGB, § 261 StGB Rn. 13
[73] Jahn in SSW-StGB, § 261 StGB Rn. 15
[74] Schmidt/Krause in LeipKomm, § 261 StGB Rn. 8
[75] BGH 1. Strafsenat, Beschluss vom 18.02.2009 – 1 StR 4/09 – NJW 2009, 1617-1618 (1618 Tz. 8)
[76] BT-Drs. 13/8651 S. 12

Abs. 1 S. 2 Nr. 2 bis 5 StGB genannt sind. § 261 Abs. 1 S. 2 Nr. 1 StGB ist daher insofern kritisch zu sehen, da durch die Möglichkeit der Einführung neuer Verbrechenstatbestände und des darauf gerichteten dynamischen Verweises des § 261 Abs. 1 S. 2 Nr. 1 StGB eine für den Rechtsunkundigen, zu denen in der Regel auch diejenigen Bankangestellten zählen, die mit geldwäschegefährdeten Sachverhalten in Berührung kommen können, schwer abschätzbare Ausweitung des Geldwäschetatbestands bewirkt werden kann.

Zu den als Vortat tauglichen Vergehen zählen Bestechungsdelikte (Nr. 2a) Betäubungsmitteldelikte (Nr. 2b), Steuerstraftaten (Nr. 3, Abs. 1 S. 3), gewerbs- oder bandenmäßig begangene Vergehen (Nr. 4) sowie sämtliche Vergehen, die von dem Mitglied einer kriminellen oder terroristischen Vereinigung begangen worden sind (Nr. 5).

Hinsichtlich der Steuerstraftaten ist § 261 Abs. 1 S. 3 StGB in besonderer Weise bemerkenswert, dass der geldwäschetaugliche Vermögensgegenstand bei Steuerhinterziehung nach § 370 AO nicht zwingend aus der Vortat herrühren muss, sondern die durch die Steuerhinterziehung ersparten Aufwendungen und unrechtmäßig erlangten Steuererstattungen und -vergütungen umfasst. Somit sind bereits im Vermögen des Täters vorhandene, durch die Steuerhinterziehung eingesparte Vermögensgegenstände, in der Regel Geldvermögen, ungeachtet des Prinzips des Herrührens, Tatobjekte.[77] Bei dem zu Unrecht nicht festgesetzten höheren Steuerbetrag, den der Vortäter aufgrund der Steuerhinterziehung nicht abführen muss, handelt es sich um bereits zuvor vorhandenes legal erworbenes Vermögen, so dass der Geldwäschetatbestand systemwidrig auf legales Vermögen ausgedehnt wird.[78] Dies geschieht nach dem ausdrücklichen Willen des Gesetzgeber, wonach auch Vermögensgegenstände erfasst werden sollen, die *nicht* aus der Steuerstraftat herrühren, mit dieser jedoch klar zusammenhängen.[79] Es drängt sich die Frage auf, ob das Geldwäschegesetz mit dieser Vorschrift für die Steuerfahndung missbraucht wird.[80] Der Begriff der „ersparten Aufwendungen" ist in Frage zu stellen: Aufwendungen, die erspart wurden, sind nicht geleistet; dieses Nichts könne man nicht verschleiern oder sich verschaffen.[81] Die Strafbarkeit wird in diesem Zusammenhang praktisch an der fehlenden Konkretisierbarkeit auf ein beweiskräftiges feststellbares Tatobjekt scheitern.[82] Man müsse ansonsten jeglichen Geldverkehr mit Steuerhinterziehern nach § 261 Abs. 1 S. 3 StGB

---

[77] Jahn in SSW-StGB, § 261 StGB Rn. 24
[78] Schmidt/Krause in LeipKomm, § 261 StGB Rn. 13
[79] BT-Drs. 14/7471, S. 18 f.
[80] Fülbier in Fülbier/Aepfelbach, § 12 GwG Rn. 4
[81] Fischer, Thomas, § 261 StGB Rn. 16c
[82] Jahn in SSW-StGB, § 261 StGB Rn. 24

unter Strafe stellen.[83] An dieser Abgrenzungsproblematik der ersparten Aufwendungen vom Gesamtvermögen des Vortäters würde auch die Feststellung eines Geldwäschetatbestands in der Bankpraxis scheitern, da im Falle der Steuerhinterziehung, die für ein Kreditinstitut trotz aller internen Sicherungsmaßnahmen und Beachtung von Sorgfaltspflichten kaum erkennbar sein wird, das gesamte Vermögen des Steuerhinterziehers als bemakelt angesehen werden könnte.

cc) Herrühren aus einer Tat nach § 261 Abs. 1 S. 2 StGB

Tatbestandsvoraussetzung ist nach § 261 Abs. 1 S. 1 StGB der Umstand, dass der Gegenstand der Geldwäsche aus einer der in § 261 Abs. 1 S. 2 StGB genannten rechtswidrigen Taten herrühren muss. Dies beschreibt die für den Geldwäschetatbestand entscheidende kausale Verknüpfung zwischen dem weit gefassten Begriff des Tatgegenstands und der zu seiner Bemakelung führenden Vortat.[84] Der Gesetzgeber hat das Tatbestandsmerkmal sehr weit gefasst[85] und seine Grenzen im Gesetzgebungsverfahren bewusst[86] nicht abschließend festgelegt.[87]

Dem Tatbestand des Herrührens unterfallen die unmittelbar aus der Vortat erlangten Ursprungsgegenstände sowie die durch die Vortat erzeugten Gegenstände. Strittig ist, ob Tatwerkzeuge und Beziehungsgegenstände dem Tatbestand unterfallen.[88] Außerdem erfüllen alle Arten von Ersatzgegenständen (Surrogate) den Tatbestand, insofern ein konkreter Bemakelungszusammenhang zwischen dem ursprünglich aus der Vortat Erlangten und dem Surrogat besteht.[89] Es ist außerdem nicht erforderlich, dass betroffenen Vermögenswerte für weitere Straftaten eingesetzt werden sollen.[90]

b) Tathandlung

Bei der Geldwäsche werden illegale Vermögensgegenstände mit Mitteln des legalen Finanzmarkts getarnt, um diese dem Zugriff der Strafverfolgung zu entziehen.[91] Gemäß § 261 Abs. 1 S. 1 StGB erfüllen drei Varianten der Tathandlung den Tatbestand: Der Verschleierungstatbestand (§ 261 Abs. 1 S. 1 Var. 1 und 2 StGB), der Vereitelungs- und Gefährdungstatbestand (§ 261 Abs. 1 S. 1 Var. 3 StGB) und der Isolierungstatbestand (§ 261 Abs. 2 StGB), die allesamt weit formuliert und daher nicht scharf voneinander abzugrenzen sind, so dass nur weni-

---

[83] Fischer, Thomas, § 261 StGB Rn. 8c
[84] Jahn in SSW-StGB, § 261 StGB Rn. 27
[85] Jahn in SSW-StGB, § 261 StGB Rn. 27
[86] BT-Drs. 12/989, S. 27
[87] BGH 1. Strafsenat, Beschluss vom 18.02.2009 – 1 StR 4/09 – NJW 2009, 1617-1618 (1618 Tz. 12)
[88] Jahn in SSW-StGB, § 261 StGB Rn. 29; a.A. Fischer, Thomas, § 261 StGB Rn. 7; BGH 1. Strafsenat, Beschluss vom 18.02.2009 – 1 StR 4/09 – NJW 2009, 1617-1618 (1618 Tz. 11)
[89] Jahn in SSW-StGB, § 261 StGB Rn. 29
[90] Jahn in SSW-StGB, § 261 StGB Rn. 28
[91] Schmidt/Krause in LeipKomm, § 261 StGB Rn. 14

ge Verhaltensweisen vorstellbar sind, die nicht als taugliche Tathandlung zum Taterfolg führen könnten.[92]

Die Verschleierung zielt darauf ab, einen bemakelten Vermögensgegenstand dem Zugriff der Strafverfolgungsorgane oder Dritter zu entziehen, in dem die Papierspur (paper trail) des Vermögensgegenstands vernichtet wird.[93] Für diesen Tatbestand spielen grenzüberschreitende Überweisungen über mehrere Institute eine entscheidende Rolle.

Der Vereitelungs- und Gefährdungstatbestand (§ 261 Abs. 1 S. 1 Var. 3 StGB) stellt die Vereitelung oder Gefährdung der Ermittlung der Herkunft, des Auffindens, des Verfalls, der Einziehung oder der Sicherstellung des bemakelten Gegenstands unter Strafe. Für den Gefährdungstatbestand ist eine konkrete Gefährdung des staatlichen Zugriffs ausreichend[94], beim Vereiteln handelt es sich hingegen um ein Erfolgsdelikt[95], das heißt der Vermögensgegenstand muss dem Zugriff der Strafverfolgungsbehörden erfolgreich entzogen worden sein.[96]

Die Gefährdung oder gar Vereitelung der Ermittlung der Herkunft oder des Auffindens bemakelter Vermögensgegenstände kann auch durch das Unterlassen einer Anzeige nach § 11 Abs. 1 GwG verwirklicht werden.[97]

Unter den Isolierungstatbestand (§ 261 Abs. 2 StGB) fallen die voneinander unabhängigen Tatbestände Verschaffen, Verwahren und Verwenden. Als abstraktes Gefährdungsdelikt sollen die Gegenstände nach § 261 Abs. 1 S. 1 StGB praktisch verkehrsunfähig gemacht werden[98], in dem auch deren Erwerb, Besitz oder Verwendung bei Kenntnis der unlauteren Herkunft strafbar gemacht werden.[99] Im Einzelnen muss der Täter Gegenstände nach § 261 Abs. 1 S. 1 StGB sich oder einem Dritten verschaffen (§ 261 Abs. 2 Nr. 1 StGB), sie in tatsächlicher Sachherrschaft verwahren, um sie für einen Dritten oder sich selbst zur Verfügung zu halten (§ 261 Abs. 2 Nr. 2 Alt. 1 StGB) oder sie für einen Dritten oder sich selbst zu verwenden (§ 261 Abs. 2 Nr. 2 Alt. 2 StGB), das heißt bestimmungsgemäß zu gebrauchen.[100] Sowohl das Verwahren als auch die Verwendung setzen gemäß § 261 Abs. 2 Nr. 2 StGB voraus, dass der Verwahrer oder Verwender die Herkunft des Gegenstandes zu dem Zeitpunkt gekannt hat, zu dem er ihn erlangt hat. Der Tatbestand ist nicht erfüllt, wenn der Verwahrer oder

---

[92] Jahn in SSW-StGB, § 261 StGB Rn. 33; bspw. LG Gießen, Beschluss vom 23.04.2004 – 7 KLs 701 Js 4820/03 WI – NJW 2004, 1966 (1967)
[93] Jahn in SSW-StGB, § 261 StGB Rn. 34
[94] BT-Drs. 12/989, S. 27
[95] Jahn in SSW-StGB, § 261 StGB Rn. 37
[96] Schmidt/Krause in LeipKomm, § 261 StGB Rn. 16
[97] Fischer, Eva, S. 117; zur Geldwäsche durch Unterlassen siehe unter C. IV.
[98] Fischer, Thomas, § 261 StGB Rn. 23
[99] Jahn in SSW-StGB, § 261 StGB Rn. 39
[100] Fischer, Thomas, § 261 StGB Rn. 24 ff.

Verwender die Kenntnis erst später erlangt[101], wobei gemäß § 261 Abs. 5 StGB bedingter Vorsatz ausreichend ist. In der Bankpraxis ist bei Verwahrung von Vermögensgegenständen eine nicht bedingt vorsätzlich später erlangte Kenntnis daher unschädlich.

c) Einschränkungen des Tatbestands

Gemäß § 261 Abs. 6 StGB ist eine Tat nach § 261 Abs. 2 StGB nicht strafbar, wenn zuvor ein Dritter den Gegenstand erlangt hat, ohne hierdurch eine Straftat zu begehen. Damit soll nach dem Willen des Gesetzgebers der Anwendungsbereich des Isolierungstatbestandes gemäß § 261 Abs. 2 StGB zum Schutz des allgemeinen Rechtsverkehrs eingeschränkt werden.[102] Eindeutig und ausdrücklich ist nur § 261 Abs. 2 StGB von § 261 Abs. 6 StGB erfasst, so dass eine Strafbarkeit nach § 261 Abs. 1 StGB unberührt bleibt, sofern im Einzelfall dessen Voraussetzungen erfüllt sind.[103] Durch § 261 Abs. 6 StGB verliert der aus einer Vortat stammende (bemakelte) Gegenstand durch Erwerb durch einen gutgläubigen *Dritten* seine Qualität als Tatobjekt; entscheidend ist die faktische Verfügungsgewalt über den Gegenstand und nicht die zivilrechtliche Wirksamkeit der zugrundeliegenden Rechtshandlung.[104] Für Kreditinstitute ist die Frage bedeutsam, ob § 261 Abs. 6 StGB in den Fällen eingreift, in denen der Täter einer Vortat bemakeltes Geld bei einem gutgläubigen Kreditinstitut einzahlt und dieses an einen bösgläubigen Dritten überweist. In der Literatur werden unterschiedliche Meinungen zu dieser Frage vertreten: Einer Auffassung folgend, erwerbe das Kreditinstitut zwar gutgläubig das Eigentum an dem eingezahlten Geld, der Vortäter erwerbe aber gleichzeitig einen aus dem Tatgegenstand herrührenden Auszahlungsanspruch gegen das Institut, den er an den bösgläubigen Dritten abtrete, so dass § 261 Abs. 6 StGB nicht zur straffreien „Wäsche" des bemakelten Geldes geeignet sei.[105] Nach anderer Auffassung werde die Auszahlungsforderung des einzahlenden Vortäters mit der Überweisung gerade nicht nach den zivilrechtlichen Regelungen der Forderungsabtretung gemäß §§ 398 ff. BGB auf den Zahlungsempfänger übertragen, sondern das überweisende Kreditinstitut aus dem Überweisungsvertrag gemäß §§ 676a bis 676c BGB a.F. gegenüber demjenigen, der die Überweisung veranlasst (Überweisender) verpflichtet, dem Begünstigten einen bestimmten Geldbetrag zur Gutschrift auf dessen Konto zur Verfügung zu stellen, so dass gerade keine Forderungsabtretung vorliege und

---

[101] BT-Drs. 12/989, S. 27
[102] BT-Drs. 12/989, S. 29
[103] BT-Drs. 12/989, S. 29
[104] Jahn in SSW-StGB, § 261 StGB Rn. 46
[105] bspw. Fischer, Thomas, § 261 StGB Rn. 29

§ 261 Abs. 6 StGB somit eingreife.[106] Letztere Argumentation ist auf den Zahlungsdienstevertrag gemäß § 675f BGB übertragbar. Da die speziellere Regelung des § 676a BGB a.f. bzw. § 675f BGB auf den Sachverhalt anwendbar ist, ist ein Rückgriff auf die Vorschriften zur Forderungsabtretung nach §§ 398 ff. BGB nicht geboten, so dass letzterer Auffassung der Vorzug zu geben ist. Im Ergebnis lässt sich bemakeltes Geld durch Einzahlung und Überweisung unterhalb der Grenzen nach §§ 3 Abs. 2, 8 GwG im Rahmen des § 261 Abs. 6 StGB ohne Weiteres waschen, ohne dass sich der Bankmitarbeiter nach § 261 Abs. 2 StGB strafbar macht, da es in diesem Fall am Bemakelungsvorsatz fehlt.[107]

Fraglich ist, ob neben der gesetzlichen Tatbestandseinschränkung gemäß § 261 Abs. 6 StGB aufgrund der erheblichen tatbestandlichen Reichweite des § 261 StGB eine teleologische Reduktion für bestimmte Sachverhalte in Frage kommt, um diese vom Anwendungsbereich des § 261 StGB auszuklammern. Es kommt eine Privilegierung von Bankmitarbeiter als bestimmte Berufsgruppe in Frage. Ganz im Gegenteil enthält jedoch das GwG für Mitarbeiter in Instituten besondere Pflichten, die zusätzlich zu den strafrechtlichen Konsequenzen nach § 261 StGB gemäß § 17 GwG bußgeldbewehrt sind. Es wird die Auffassung vertreten, dass stattdessen für berufsmäßig neutrale Tätigkeiten wie in Kredit- und Finanzdienstleistungsinstituten Maßstäbe gefunden werden müssten, die die Besonderheiten der jeweiligen Berufsgruppe angemessen berücksichtigen, anstatt diese pauschal mit einem Straftatverdacht zu überziehen.[108] In einer Grundsatzentscheidung hat das BVerfG für den Bereich der (berufsmäßigen) Strafverteidigung entschieden, dass § 261 Abs. 2 Nr. 1 StGB mit dem Grundgesetz vereinbar ist, soweit Strafverteidiger nur dann mit Strafe bedroht werden, wenn sie im Zeitpunkt der Annahme ihres Honorars sichere Kenntnis von dessen Herkunft hatten.[109] Auf die Berufsgruppe der bei Instituten Beschäftigten kann diese Konstellation jedoch nicht übertragen werden.[110] Erforderlich wäre auch für Bankangestellte ein Lösungsweg, nach dem sie sich bei ordnungsgemäßer Ausübung ihrer beruflichen Tätigkeit nicht des Risikos der Strafbarkeit wegen Geldwäsche aussetzen müssen.[111] Eine Rechtsprechung für diese Fallgruppe ist allerdings nicht ersichtlich.

---

[106] bspw. Jahn in SSW-StGB, § 261 StGB Rn. 48
[107] Jahn in SSW-StGB, § 261 StGB Rn. 47 f.
[108] Fischer, Thomas, § 261 StGB Rn. 44.
[109] BVerfG, Grundsatzentscheidung vom 30.3.2004 – 2 BvR 1520/01 – Leitsatz Nr. 1. http://www.bundesverfassungsgericht.de/entscheidungen/rs20040330_2bvr152001.html, abgerufen am 16.09.2012
[110] Fischer, Eva, S. 171
[111] So auch Fischer, Eva, S. 171

2. Subjektiver Tatbestand

a) Vorsatz

Zur Erfüllung des Straftatbestands nach § 261 Absatz 1 StGB muss der Täter subjektiv mindestens mit bedingtem Vorsatz gehandelt haben.[112] Es genügt, wenn der Täter die Möglichkeit, dass der Tatgegenstand bemakelt sein könnte, als eine von verschiedenen Möglichkeiten einkalkuliert, ohne dass er über Einzelheiten der Vortat orientiert sein muss.[113] Nach einem Urteil des BGH könne der Vorsatz jedoch nicht bereits dann angenommen werden, wenn eine illegale Herkunft des Tatgegenstands angenommen werde; hierfür sei vielmehr erforderlich, dass konkrete Umstände festgestellt würden, aus denen sich in groben Zügen eine Vortat gemäß § 261 Abs. 1 S. 2 StGB ergäbe.[114] Der Vorsatz des Täters muss sich auf sämtliche Merkmale des objektiven Tatbestands gemäß § 261 Abs. 1 StGB erstrecken, er muss also auch den Verschleierungs-, Vereitelungs- oder Gefährdungserfolg als mögliche Folge seines Handelns billigend in Kauf nehmen.[115] Voraussetzung der Tathandlungen gemäß § 261 Abs. 2 StGB ist, dass der Täter die Umstände, die zur Bemakelung des Gegenstand führen, billigend in Kauf nimmt, wobei nachträgliche Bösgläubigkeit unschädlich ist.[116] Verstößt ein Bankmitarbeiter gegen die Anzeigepflichten des GwG, kann daraus noch kein Vorsatz abgeleitet werden; Mitarbeiter in Kreditinstituten werden daher in der Regel nicht in dem Sinne bedingt vorsätzlich handeln, dass sie den Taterfolg billigend in Kauf nehmen.[117]

b) Leichtfertigkeit

aa) Tatbestandsmerkmale der leichtfertigen Geldwäsche

Nach § 261 Abs. 5 StGB macht sich strafbar, wer in den Fällen des § 261 Abs. 1 oder 2 StGB leichtfertig nicht erkennt, dass der Gegenstand aus einer in § 261 Abs. 1 StGB genannten rechtswidrigen Tat herrührt. Der Gesetzgeber hält eine Ausdehnung des Straftatbestands in den Bereich der Leichtfertigkeit für unabdingbar, um auftretende Beweisschwierigkeiten zu vermeiden und eine wirksame Strafverfolgung der Geldwäscher sicherzustellen.[118] Im Hinblick auf Berufsgruppen wie Bankangestellte, die häufig mit bemakeltem Geld in Kontakt kommen können, ist diese Regelung auch angesichts ihrer unzureichenden Rechtfertigung mit Beweisschwierigkeiten vor dem Hintergrund des Verhältnismäßigkeitsprinzips

---

[112] OLG Hamm, Beschluss vom 31.07.2003 – 3 Ss 388/03. http://www.burhoff.de/rspr/texte/ay_00011.htm, abgerufen am 16.09.2012
[113] Jahn in SSW-StGB, § 261 StGB Rn. 58
[114] BGH, Urteil vom 28.01.2003 – 1 StR 393/02 – juris Orientierungssatz (KORE575792003)
[115] Jahn in SSW-StGB, § 261 StGB Rn. 59
[116] BT-Drs. 12/989, S. 27
[117] Schmidt/Krause in LeipKomm, § 261 StGB Rn. 36
[118] BT-Drs. 12/989, S. 27

bedenklich.[119] Die Ausdehnung des Straftatbestands auf das leichtfertige Verkennen der Herkunft eines inkriminierten Vermögensgegenstands durchbräche den Grundsatz, fahrlässiges Verhalten im Bereich der Vermögensdelikte nicht unter Strafe zu stellen.[120] Das Tatbestandsmerkmal bezieht sich nur auf die Kenntnis der Herkunft des bemakelten Gegenstands, so dass hinsichtlich der übrigen Tatbestandsmerkmale weiterhin wenigstens bedingter Vorsatz vorliegen muss. Daher wird § 261 Abs. 5 StGB nur i.V.m. § 261 Abs. 2 StGB relevant, da eine leichtfertige Geldwäsche nach § 261 Abs. 1 StGB zumeist daran scheitern wird, dass der Täter hinsichtlich des Taterfolgs nicht vorsätzlich handelt.[121] Verfassungsrechtliche Bedenken gegenüber dem Tatbestandsmerkmal der Leichtfertigkeit hat der BGH entkräftet: Nach seinem Urteil verstoße das Tatbestandsmerkmal der leichtfertigen Geldwäsche nicht gegen das Schuldprinzip oder den Bestimmtheitsgrundsatz:[122] Die Schuldform der Leichtfertigkeit genüge „dem verfassungsmäßigen Bestimmtheitsgebot, wenn der weite Tatbestand durch einengende Handhabung in der Rechtsprechung eingegrenzt wird. Das kann durch Auslegung des Begriffs der Leichtfertigkeit als vorsatznahe Schuldform und Anknüpfung an bestehende Rechtsprechung zum Begriff der Leichtfertigkeit erreicht werden."[123] Unter Leichtfertigkeit ist danach ein erhöhter Grad von Fahrlässigkeit zu verstehen, die dann vorliegt, wenn „sich die Herkunft des Gegenstands aus einer Katalogtat nach der Sachlage geradezu aufdrängt und der Täter gleichwohl handelt, weil er dies aus besonderer Gleichgültigkeit oder großer Unachtsamkeit außer Acht lässt (…). Dabei entspricht das Merkmal der Leichtfertigkeit in objektiver Hinsicht der groben Fahrlässigkeit im Zivilrecht."[124]

Weitere Voraussetzung einer Strafbarkeit wegen leichtfertiger Geldwäsche nach § 261 Abs. 5 StGB ist, dass der aus einer Katalogtat herrührender Vermögensgegenstand zum Zeitpunkt der Tathandlung bereits vorhanden war.[125]

Zur Bestimmung der Leichtfertigkeit sind die dem Täter auferlegten Sorgfaltspflichten maßgeblich.[126]

bb) Leichtfertige Geldwäsche durch Bankangestellte

Es ist zu prüfen, unter welchen Voraussetzungen sich der Bankangestellte der leichtfertigen Geldwäsche schuldig machen kann. Im Anwendungsbereich von Kreditinstituten kann eine Leichtfertigkeit in der Regel dann ausgeschlossen wer-

---

[119] Jahn in SSW-StGB, § 261 StGB Rn. 62
[120] Fischer, Thomas, § 261 StGB Rn. 42a
[121] Jahn in SSW-StGB, § 261 StGB Rn. 63
[122] BGH, Urteil vom 17.07.1997 – 1 StR 791/96 – juris 2. Leitsatz (KORE306629700)
[123] BGH, Urteil vom 17.07.1997 – 1 StR 791/96 – juris Orientierungssatz (KORE306629700)
[124] BGH, Urteil vom 24.06.2008 – 5 StR 89/08 – juris Rn. 20 (KORE300512008) mit Verweis auf BGH, Urteil vom 17.07.1997 – 1 StR 791/96 – juris Rn. 11 (KORE306629700)
[125] OLG Karlsruhe, Beschluss vom 21.11.2008 – 3 Ss 100/08 – juris Rn. 9 (KORE203302009)
[126] Fischer, Eva, S. 96

den, wenn die verkehrsübliche Sorgfalt beachtet wurde.[127] Die verkehrsübliche Sorgfalt bei den Geldwäschepräventionsvorschriften wird dann vom Mitarbeiter beachtet, wenn dieser die Sorgfaltspflichten gemäß §§ 3 ff. GwG sowie §§ 25d ff. KWG befolgt. Dies setzt voraus, dass diese ordnungsgemäß im Kreditinstitut implementiert und dem Mitarbeiter bekannt sind.

Zu diesen Pflichten zählen unter anderem die ordnungsgemäße Identifizierung und Dokumentation, bspw. durch Einholen einer Schufa-Auskunft oder eines aktuellen Handelsregisterauszugs, die Einhaltung entsprechender interner Regelungen wie der Einholung einer begründeten Stellungnahme durch den Geldwäschebeauftragten oder einer Verdachtsmeldung an den Geldwäschebeauftragten. Bei konsequenter Anwendung der Auslegungs- und Anwendungshinweise der Deutschen Kreditwirtschaft zur Verhinderung von Geldwäsche, Terrorismusfinanzierung und „sonstigen strafbaren Handlungen"[128] oder auslegenden Rundschreiben der BaFin zur Geldwäsche kann das Risiko der leichtfertigen Begehung der Geldwäsche deutlich reduziert, aber nicht ausgeschlossen werden. Mit der Befolgung dieser Sorgfaltspflichten kann der Bankangestellte zumindest vermeiden, eine Transaktion fälschlicherweise als unverdächtig einzustufen und somit sein Strafbarkeitsrisiko reduzieren.

Die Nichtbeachtung gesetzlicher Sorgfaltspflichten, anerkannter Branchenstandards wie dem Know-Your-Customer-Prinzip oder interner Anweisungen hingegen kann daher leichtfertig begangene Geldwäsche gemäß § 261 Abs. 5 StGB begründen. Leichtfertig handelt bspw. ebenso der Bankangestellte, dem ein ungewöhnlicher Sachverhalt bei einer Transaktion auffällt, der auf Geldwäsche hindeuten könnte, diese aber dennoch ohne weitere Nachforschung ausführt.[129]

Da Tathandlungen nach § 261 Abs. 2 StGB nicht nach ihrer äußeren Erscheinung als kriminelle Verhaltensweisen erkenntlich seien, sei in diesen Fällen bei Bankmitarbeitern eine Zumutbarkeitserwägung anzustellen, wonach die Pflichtwidrigkeit zumindest dann entfallen könne, wenn aufgrund arbeitsrechtlicher Konsequenzen, wie etwa einer drohenden Kündigung, ein abweichendes Vorgehen nicht zumutbar ist.[130]

Im Ergebnis lässt sich jedoch festhalten, dass es sowohl nach den gesetzlich definierten Sorgfaltspflichten als auch den auslegenden Rundschreiben und sonstigen Hinweisen nicht abschließend möglich ist, das Kriterium der Leichtfer-

---

[127] Jahn in SSW-StGB, § 261 StGB Rn. 63
[128] Die Deutsche Kreditwirtschaft
[129] Fischer, Eva, S. 94
[130] Schmidt/Krause in LeipKomm, § 261 StGB Rn. 39

tigkeit so zu konkretisieren, dass nur die Nichtbeachtung von Sorgfaltspflichten und Verdachtsmomenten eine leichtfertige Handlung darstellt.[131]

cc) Leichtfertige Geldwäsche durch Geldwäschebeauftragte
Die Leichtfertigkeit ist im Fall des Geldwäschebeauftragten im Vergleich zum übrigen Bankangestellten eher erfüllt, da dieses Tatbestandsmerkmal auf subjektive Kriterien abstellt und beim Geldwäschebeauftragten eine höhere Fachkompetenz vorausgesetzt wird. Im Fall einer internen Verdachtsmeldung an den Geldwäschebeauftragten erfüllt dieser das Tatbestandsmerkmal der leichtfertigen Geldwäsche nach § 261 Abs. 5 StGB, wenn er auf eine Verdachtsmeldung an die Ermittlungsbehörden absieht, sich der Fall aber als strafbare Handlung nach § 261 Abs. 1 StGB herausstellt.[132] Jede interne Verdachtsmeldung muss daher vom Geldwäschebeauftragten besonders sorgfältig bearbeitet und beim kleinsten Hinweis auf Geldwäsche an die Ermittlungsbehörden weitergeleitet werden.

3. Versuch
Gemäß § 261 Abs. 3 StGB ist der Versuch strafbar. Nach § 22 StGB versucht eine Straftat, wer nach seiner Vorstellung von der Tat zur Verwirklichung des Tatbestandes unmittelbar ansetzt. Nach dem Wortlaut des § 22 StGB (nach seiner Vorstellung) gilt dies nicht für die leichtfertige Begehung gemäß § 261 Abs. 5 StGB. Der Versuch der leichtfertigen Begehung ist also nicht strafbar.[133] Für den redlichen Bankangestellten ist § 261 Abs. 3 StGB insofern praktisch irrelevant.

III. Strafbefreiung nach § 261 Abs. 9 StGB
Gemäß § 261 Abs. 9 StGB wird nach den § 261 Abs. 1 bis 5 StGB nicht bestraft, wer die Tat freiwillig bei der zuständigen Behörde anzeigt oder freiwillig eine solche Anzeige veranlasst, wenn nicht die Tat in diesem Zeitpunkt ganz oder zum Teil bereits entdeckt war und der Täter dies wusste oder bei verständiger Würdigung der Sachlage damit rechnen musste und in den Fällen des § 261 Abs. 1 oder 2 StGB unter den in §§ 261 Abs. 9 Nr. 1 StGB genannten Voraussetzungen die Sicherstellung des Gegenstandes bewirkt, auf den sich die Straftat bezieht. Nach den § 261 Abs. 1 bis 5 StGB wird außerdem nicht bestraft, wer wegen Beteiligung an der Vortat strafbar ist.
Bei leichtfertiger oder versuchter Geldwäsche ist es ausreichend, wenn der Täter die Tat freiwillig bei der zuständigen Behörde anzeigt oder freiwillig eine solche Anzeige veranlasst. Der Gesetzgeber verzichtet bei leichtfertiger Geldwäsche auf

---

[131] So auch Fischer, Eva, S. 103
[132] Fischer, Eva, S. 109
[133] OLG Karlsruhe, Beschluss vom 21.11.2008 – 3 Ss 100/08 – juris Rn. 9 (KORE203302009)

die Sicherstellung, um dem in der Bankpraxis denkbaren Fall Rechnung zu tragen, dass sich erst im Verlauf einer Geschäftsbeziehung der Verdacht auf Geldwäsche allmählich herausstellt und dem Vorwurf vorgebeugt werden solle, dass die verdächtigen Umstände bereits früher hätten erkannt werden müssen.[134]

Veranlassen bedeutet, dass der Täter die Anzeige nicht persönlich vornehmen muss, sondern einen Dritten zur Anzeige veranlassen kann, bspw. den Geldwäschebeauftragten eines Kreditinstituts.

Voraussetzung ist jeweils, dass die Tat noch nicht bereits entdeckt war und der Täter dies wusste oder bei verständiger Würdigung der Sachlage damit rechnen musste, um einem Missbrauch der Vorschrift vorzubeugen.[135] § 261 Abs. 9 StGB soll als persönlicher Strafaufhebungsgrund einen Anreiz zur Anzeige strafbarer Geldwäschehandlungen schaffen.[136]

Demnach ist der Bankangestellte durch eine Anzeige nach § 261 Abs. 9 StGB vom Strafbarkeitsrisiko wegen leichtfertiger Geldwäsche befreit.

Fraglich erscheint, ob das Strafbarkeitsrisiko bestehen bleibt, wenn der Mitarbeiter dem Geldwäschebeauftragten eine verdächtige Transaktion anzeigt, dieser jedoch keine Anhaltspunkte für einen Verdachtsfall sieht und keine Anzeige nach § 216 Abs. 9 StGB vornimmt. Gegen die teilweise vertretene Auffassung, dass der Vorwurf der Leichtfertigkeit nach § 261 Abs. 5 StGB in dieser Fallkonstellation entfallen soll, da der Mitarbeiter mit der internen Meldung an den Geldwäschebeauftragten alles Erforderliche getan habe,[137] so dass für eine strafbefreiende Anzeige nach § 261 Abs. 9 StGB keine Notwendigkeit mehr bestünde, spricht, dass der Mitarbeiter die Anzeige nicht im Sinne des § 216 Abs. 9 StGB veranlasst hat, wenn diese gar nicht erfolgt. Erstattet der Geldwäschebeauftragte demnach keine Anzeige, greift § 261 Abs. 9 StGB folglich nicht ein,[138] das Strafbarkeitsrisiko besteht somit weiterhin. Damit dennoch den Belangen des Bankmitarbeiters in dieser Situation Rechnung getragen wird, wird nach anderer Auffassung vertreten, dass eine Abwägung zwischen den Interessen des Geldwäschebeauftragten auf der einen und des Bankmitarbeiters auf der anderen Seite vorgenommen werden solle; bei Differenzen im tatsächlichen Bereich solle die Abwägung zugunsten des einzelnen Mitarbeiters ausfallen, bei solchen im rechtlichen Bereich zugunsten des Geldwäschebeauftragten.[139] Diese Auffassung berücksichtigt die Risikoverteilung zutreffend. Jedoch wird in dem Fall, in dem der mit der Transaktion befasste Mitarbeiter gegenüber dem Geldwäschebeauf-

---

[134] BT-Drs. 12/989, S. 28
[135] BT-Drs. 12/989, S. 28
[136] BT-Drs. 12/989, S. 28
[137] Schröder/Textor in Fülbier/Aepfelbach, § 261 StGB Rn. 118
[138] Zu diesem Ergebnis kommt auch Nestler in Herzog, § 261 StGB Rn. 144
[139] Fischer, Eva, S. 112 mit weiteren Nachweisen

tragten eine interne Verdachtsmeldung abgibt, diesem keine Leichtfertigkeit mehr vorgeworfen werden können, wenn er die Transaktion bis zur Freigabe durch den Geldwäschebeauftragten nicht ausführt. Selbst wenn der Geldwäschebeauftragte keine Verdachtsmomente erkennen kann und die Transaktion freigibt, entfällt der Vorwurf der Leichtfertigkeit und erst recht der des bedingten Vorsatzes, weil er die institutsinternen Zuständigkeitsregeln beachtet und damit keinesfalls leichtfertig oder gar bedingt vorsätzlich gehandelt hat.[140] Insofern der Geldwäschebeauftragte keine Anzeige nach § 261 Abs. 9 StGB erstattet, sollte dies dem Mitarbeiter zu Vermeidung von Strafbarkeitsrisiken offen gelassen werden. Nach anderer Auffassung sollte der Mitarbeiter aufgrund der damit verbundenen Risiken die Anzeige nicht selbst vornehmen.[141] Da er den Geldwäschebeauftragten jedoch nicht zu einer Anzeige wird zwingen können, kann er mit eigener Anzeige ein Strafbarkeitsrisiko vermeiden. Insofern sich später herausstellt, dass der Geldwäscheverdacht unbegründet war, erwachsen daraus weder für den Bankangestellten noch für den Geldwäschebeauftragten rechtliche Nachteile.[142]

Die Anzeige nach § 261 Abs. 9 StGB wird jedoch nicht durch die Verdachtsmeldung nach § 11 Abs. 1 GwG ersetzt, da letztere keine strafbefreiende Wirkung hat.[143] Um insbesondere dem Vorwurf der leichtfertigen Geldwäsche nach § 261 Abs. 5 StGB zu begegnen, ist unabhängig von der Verdachtsmeldung nach § 11 Abs. 1 GwG und unabhängig davon, wer diese vornimmt oder unterlässt, eine Anzeige nach § 261 Abs. 9 StGB erforderlich.

Somit kann nur die erstattete Anzeige nach § 261 Abs. 9 StGB zur Strafbefreiung führen. Erforderlich wäre jedoch vielmehr eine Strafbefreiungsregelung, die greift, sobald der Angestellte alles aus seiner Sicht Erforderliche für eine Verdachtsmeldung getan hat.[144]

IV. Geldwäsche durch Unterlassen

Fraglich ist, ob Geldwäsche durch Unterlassen begangen werden kann. Gemäß § 13 Abs. 1 StGB ist, wer es unterlässt, einen Erfolg abzuwenden, der zum Tatbestand eines Strafgesetzes gehört, nach StGB nur dann strafbar, wenn er rechtlich dafür einzustehen hat, dass der Erfolg nicht eintritt, und wenn das Unterlassen der Verwirklichung des gesetzlichen Tatbestandes durch ein Tun entspricht. Die Gleichstellung desjenigen, der den Eintritt eines vom ihm nicht durch aktives Tun herbeigeführten Erfolgs nicht verhindert, mit dem aktiv Handelnden ist nur für

---

[140] Nestler in Herzog, § 261 StGB Rn. 128
[141] Schröder/Textor in Fülbier/Aepfelbach, § 261 StGB Rn. 106
[142] Fischer, Eva, S. 112
[143] Zur Verdachtsmeldung siehe unter D. V. 1. ; zum Verhältnis der Anzeige nach § 261 StGB Abs. 9 StGB und der Verdachtsmeldung nach § 11 GwG Abs. 1 GwG siehe unter D. V. 3.
[144] Schröder/Textor in Fülbier/Aepfelbach, § 261 StGB Rn. 128 f.

denjenigen denkbar, der eine Garantenstellung innehat, das heißt rechtlich dafür einzustehen hat, dass der strafrechtlich missbilligte Erfolg nicht eintritt, dem die Verhinderung des Eintritts des Erfolgs durch pflichtgemäßes Handeln möglich und zumutbar wäre und dessen Unterlassen einem aktiven Tun entspricht.[145]

Die Garantenstellung haben in erster Linie die Vertreter der Strafverfolgungsbehörden inne, nicht jedoch grundsätzlich der von der Meldepflicht gemäß § 11 Abs. 1 GwG betroffene Vertreter des Verpflichteten. Das Argument, dass der Staat im Bereich der Finanzwirtschaft auf Private zum Schutz des Rechtsguts der Rechtspflege angewiesen sei, erkläre und rechtfertige die öffentlich-rechtlichen Vorschriften des GwG, könne jedoch keine strafrechtliche Pflichtenstellung begründen; daneben seien Pflichtverstöße gegen Vorschriften des GwG bereits über die Bußgeldvorschriften gemäß § 17 GwG sanktioniert.[146]

Für Angestellte ohne eigenständige Entscheidungsbefugnis kann eine Garantenstellung nach wohl herrschender Meinung nicht hergeleitet werden.[147] Den einzelnen mit Durchführung einer Transaktion betrauten Mitarbeiter trifft demnach keine Garantenstellung für Rechtsgüter des § 261 StGB.[148]

Es ist jedoch zu erörtern, inwieweit dem Geldwäschebeauftragten eine Garantenpflicht zukommt, der bspw. die Entscheidung über Abgabe einer Verdachtsmeldung nach § 11 GwG für das Institut trifft. Eine aus § 11 GwG abgeleitete Beistandspflicht des Geldwäschebeauftragten für Rechtsgüter des § 261 StGB kommt aufgrund der Inkongruenz zwischen Adressat der Meldepflicht nach § 11 GwG, dem Kreditinstitut, und Adressat der Strafnorm des § 261 StGB, dem einzelnen Angestellten des Instituts, nicht in Betracht.

In einem viel diskutierten Urteil[149] hat der BGH entschieden, dass den Leiter der Innenrevision einer Anstalt des öffentlichen Rechts als Compliance-Verantwortlichen eine Garantenpflicht treffen kann, betrügerische Abrechnungen zu unterbinden. Der BGH bejahte dessen Garantenpflicht. Dabei stützte sich der BGH auf die „Überlegung, dass denjenigen, dem Obhutspflichten für eine bestimmte Gefahrenquelle übertragen sind (...), dann auch eine „Sonderverantwortlichkeit" für die Integrität des von ihm übernommenen Verantwortungsbereichs trifft (...)."[150] Es könne dabei eine Unterscheidung von Schutz- und Überwachungspflichten dahinstehen; für Inhalt und Umfang der Garantenpflicht sei viel-

---

[145] Fischer, Thomas, § 13 GwG, Rn. 6
[146] Jahn in SSW-StGB, § 261 StGB Rn. 75
[147] Jahn in SSW-StGB, § 261 StGB Rn. 75; Fischer, Eva, S. 118; Schröder/Textor in Fülbier/Aepfelbach, § 261 StGB Rn. 61; Nestler in Herzog, § 261 StGB Rn. 108
[148] Zu diesem Ergebnis kommt auch Fischer, Eva, S. 120
[149] BGH, Urteil vom 17.07.2009 – 5 StR 394/08 – juris (KORE306182009); Div. Entscheidungsbesprechungen und Zeitschriftenfundstellen unter
http://dejure.org/dienste/vernetzung/rechtsprechung?Text=5%20StR%20394%2F08&Suche=BGH%2017.07.2009%205%20StR%20394%2F08, abgerufen am 16.09.2012
[150] BGH, Urteil vom 17.07.2009 – 5 StR 394/08 – juris Rn. 23 (KORE306182009)

mehr die Bestimmung des Verantwortungsbereichs, den der Verpflichtete übernommen habe, maßgeblich, wobei auf die besonderen Unternehmensverhältnisse und den Zweck der Beauftragung abzustellen sei.[151]

Entscheidend komme es auf die Zielrichtung der Beauftragung an: Denjenigen, der mit der Verhinderung von Rechtsverstößen, insbesondere von Straftaten, betraut sei, die aus dem Unternehmen heraus begangen werden, werde „regelmäßig strafrechtlich eine Garantenpflicht im Sinne des § 13 Abs. 1 StGB treffen, solche im Zusammenhang mit der Tätigkeit des Unternehmens stehende Straftaten von Unternehmensangehörigen zu verhindern."[152] Die Garantenstellung könne entweder wie im besprochenen Fall durch die tatsächliche Übernahme des Pflichtenkreises als auch dadurch begründet werden, dass der Betreffende eine gesetzlich vorgesehene Funktion als Beauftragter übernimmt, bspw. als Beauftragter für Gewässerschutz, Immissionsschutz oder Strahlenschutz.[153] Die Garantenstellung dieser Personen ist die Beistandspflicht aus sozialer Zuordnung einer Gefahrenquelle.[154]

Die Garantenstellung setze ferner eine Herrschaftsmacht über den jeweiligen Zuständigkeitsbereich, das heißt Beeinflussungsmöglichkeiten, voraus und komme nur im Hinblick auf konkrete Tätigkeitsgebote in Betracht, das heißt erst bei hinreichend bestimmtem Aufgabengebiet mit konkreten Handlungsmöglichkeiten und Handlungspflichten, wie bspw. beim Betriebsbeauftragten, könne ein Unterlassen dieser Aufgaben im strafrechtlichen Sinne einem aktiven Tun gleichgestellt werden.[155]

Voraussetzung für die Strafbarkeit durch Unterlassen ist, dass die Untätigkeit kausal für das Delikt war, das heißt, dass der Verantwortliche in der Lage gewesen ist und ihm dies auch zumutbar war, die Tat zu unterbinden, er dies aber nicht getan hat.[156]

Fraglich ist, ob dieser Sachverhalt auf den Geldwäschebeauftragten eines Kreditinstituts anwendbar ist. Dazu müsste dem Geldwäschebeauftragten die Pflicht zugewiesen sein, Straftaten aus dem Unternehmen heraus zu verhindern und er müsste diese Pflicht tatsächlich übernommen haben. Für den Geldwäschebeauftragten, der nicht wie der Compliance-Officer lediglich durch Delegation Pflichten übernimmt, sondern per spezialgesetzlicher Definition gemäß § 25c Abs. 4 S. 1 KWG für die Durchführung der Vorschriften zur Bekämpfung und Verhinderung der Geldwäsche zuständig ist, gilt dies ohne Weiteres.

---

[151] BGH, Urteil vom 17.07.2009 – 5 StR 394/08 – juris Rn. 25, 26 (KORE306182009)
[152] BGH, Urteil vom 17.07.2009 – 5 StR 394/08 – juris Rn. 23, 26 (KORE306182009)
[153] BGH, Urteil vom 17.07.2009 – 5 StR 394/08 – juris Rn. 27 (KORE306182009)
[154] Fischer, Eva, S. 123
[155] Wolf, S. 1359
[156] BGH, Urteil vom 17.07.2009 – 5 StR 394/08 – juris Rn. 31 (KORE306182009)

Der Geldwäschebeauftragte übernimmt damit eine gesetzliche vorgeschriebene Funktion als Beauftragter, für die der BGH die Garantenstellung zweifelsohne bejaht.[157] Beim Geldwäschebeauftragten ist die Kompetenzzuweisung noch höher als bspw. beim Betriebsbeauftragten, der nicht Ansprechpartner der Behörden ist.[158] Der Geldwäschebeauftragte ist in seiner Funktion für ein gesetzlich bzw. durch die Verwaltungspraxis der BaFin[159] hinreichend bestimmtes Aufgabengebiet mit konkreten Handlungsmöglichkeiten und Handlungspflichten verantwortlich und mit eigenständiger Entscheidungskompetenz ausgestattet. Im Vergleich zum Compliance-Officer hat der Geldwäschebeauftragte in seiner gesetzlich vorgeschriebenen Funktion als Beauftragter die öffentlich-rechtliche Pflichtenstellung gegenüber einer Behörde inne,[160] über die Einhaltung der gesetzlichen Vorschriften zur Geldwäschebekämpfung zu wachen.

Demnach trifft den Geldwäschebeauftragten eine Garantenpflicht, so dass er sich ebenso der Geldwäsche durch Unterlassen strafbar machen kann.[161] Der Ableitung der Garantenstellung aus der tatsächlichen Übernahme des Pflichtenkreises bedarf es daher im Vergleich zum Compliance-Beauftragten nicht.

Eine Strafbarkeit des Geldwäschebeauftragten wegen Geldwäsche durch Unterlassen kommt bspw. dann in Betracht, wenn dieser eine begründete Geldwäscheverdachtsmeldung erhält, aber diese nicht an die FIU weiterleitet.

D. Pflichten für Kreditinstitute aus dem Geldwäschegesetz (GwG)

I. Begriffsbestimmungen

§ 1 GwG enthält die Definitionen der wesentliche Begriffe, die in den folgenden Paragraphen aufgegriffen werden. Dies umfasst Identifizieren (§ 1 Abs. 1 GwG), Terrorismusfinanzierung (§ 1 Abs. 2 GwG), Geschäftsbeziehung (§ 1 Abs. 3 GwG), Transaktion (§ 1 Abs. 4 GwG), Bargeld und Surrogate (§ 1 Abs. 5 GwG), wirtschaftlich Berechtigter (§ 1 Abs. 6 GwG) sowie gleichwertiger Drittstaat (§ 1 Abs. 6a GwG).

II. Verpflichtete

Der Kreis der Verpflichteten des Geldwäschegesetzes umfasst nach § 2 Abs. 1 GwG weitaus mehr Wirtschaftssubjekte als diejenigen Personen, die durch die spezielleren Vorschriften der §§ 25c ff. KWG zu weiteren Maßnahmen zur Geldwäschebekämpfung verpflichtet werden.

---

[157] So auch: Wolf, S. 1356 f.
[158] Fischer, Eva, S. 124
[159] BaFin 1/2012
[160] Wolf, S. 1357
[161] Zu diesem Ergebnis kommt auch Wybitul, S. 2592

III. Sorgfaltspflichten

Abschnitt 2 des GwG regelt neben den internen Sicherungsmaßnahmen Sorgfaltspflichten, die die Verpflichteten erfüllen müssen. Nach dem risikoorientierten Ansatz werden die Sorgfaltspflichten dabei in allgemeine (§ 3 GwG), vereinfachte (§ 5 GwG) bzw. verstärkte Sorgfaltspflichten (§ 6 GwG) unterschieden.

§ 3 Abs. 2 Nr. 1 bis 4 GwG regelt die Fälle, in denen allgemeine Sorgfaltspflichten zu erfüllen sind. Zu den allgemeinen Sorgfaltspflichten gehört die Identifizierung des Vertragspartners (§ 3 Abs. 1 Nr. 1 GwG), die Einholung von Informationen über den Zweck und die angestrebte Art der Geschäftsbeziehung im Zweifelsfall (§ 3 Abs. 1 Nr. 2 GwG), die Abklärung des wirtschaftlich Berechtigten und erforderlichenfalls dessen Identifizierung (§ 3 Abs. 1 Nr. 3 GwG) sowie die kontinuierliche Überwachung der Geschäftsbeziehung, einschließlich durchgeführter Transaktionen (§ 3 Abs. 1 Nr. 4 GwG).

Die Durchführung der Identifizierung des Vertragspartners bzw. des wirtschaftlich Berechtigten sowie Ausnahmen von der Identifizierung sind in § 4 GwG geregelt. Die Identifizierung besteht aus zwei Vorgängen: Erstens nach § 4 Abs. 3 GwG der Feststellung der Identität („identification"[162]) durch Erheben von Angaben sowie zweitens gemäß § 4 Abs. 4 GwG der Überprüfung der Identität anhand von Dokumenten („verification"[163]). § 4 Abs. 6 GwG erlegt dem Vertragspartner Mitwirkungspflichten wie die Bereitstellung erforderlicher Informationen und Unterlagen sowie die Anzeigepflicht von Änderungen, die sich im Lauf der Geschäftsbeziehung ergeben, auf.

Dem risikobasierten Ansatz folgend werden in § 5 Abs. 2 GwG – für Institute vorbehaltlich § 25d KWG – abschließend („...kann *ausschließlich* in folgenden Fällen vorliegen...") Fallkonstellationen aufgeführt, in denen vereinfachte Sorgfaltspflichten im Hinblick auf die Identifizierungspflicht gemäß § 3 Abs. 1 Nr. 1 GwG und im Falle einer Geschäftsbeziehung eine kontinuierliche Überwachungspflicht gemäß § 3 Abs. 1 Nr. 4 GwG zur Anwendung kommen können.

Als Ausfluss des risikobasierten Ansatzes finden sich in § 6 GwG verstärkte Sorgfaltspflichten, die angewandt werden müssen, soweit in Bezug auf Geldwäsche oder der Terrorismusfinanzierung erhöhte Risiken bestehen können. Die in § 6 Abs. 2 aufgeführten Fallkonstellationen sind im Gegensatz zu den Fällen, in denen vereinfachte Sorgfaltspflichten greifen, nicht abschließend geregelt („*Insbesondere* in folgenden Fällen...").

Soweit nach dem GwG Sorgfaltspflichten bestehen, sind die erhobenen Angaben und eingeholten Informationen über Vertragspartner, wirtschaftlich Berechtigte,

---

[162] Auerbach/Spies in AS-KWG, § 25e Rn. 2
[163] Auerbach/Spies in AS-KWG, § 25e Rn. 2

Geschäftsbeziehungen und Transaktionen nach § 8 Abs. 1 S. 1 GwG aufzuzeichnen und unbeschadet anderer gesetzlicher Bestimmungen mindestens fünf Jahre aufzubewahren (§ 8 Abs. 3 S. 1 GwG). Sie dürfen nach § 15 Abs. 1 GwG nur zur Verfolgung von Straftaten nach § 261 Abs. 1 StGB oder der in § 129a Abs. 2 StGB genannten Straftaten herangezogen oder verwendet werden.

IV. Interne Sicherungsmaßnahmen

Nach Maßgabe von § 9 Abs. 1 GwG müssen nach dem GwG Verpflichtete angemessene interne Sicherungsmaßnahmen dagegen treffen, dass sie zur Geldwäsche missbraucht werden können. Dazu zählen die Entwicklung und regelmäßige Aktualisierung interner Grundsätze sowie angemessener geschäfts- und kundenbezogener Sicherungssysteme und Kontrollen, die der Verhinderung der Geldwäsche dienen (§ 9 Abs. 2 Nr. 2 GwG), die risiko- und anlassbezogene Schulung der Beschäftigten über Typologien und aktuelle Methoden der Geldwäsche sowie über die gesetzlichen Pflichten zur Verhinderung von Geldwäsche (§ 9 Abs. 2 Nr. 3 GwG) sowie geeignete risikoorientierte Maßnahmen zur Prüfung der Zuverlässigkeit der Beschäftigten (§ 9 Abs. 2 Nr. 4 GwG). § 9 Abs. 2 GwG ist als Generalklausel des Pflichtenkatalogs des GwG zu verstehen.[164]

Für Institute werden die Vorschriften des § 9 Abs. 2 GwG durch zusätzliche branchenspezifische Sicherungsmaßnahmen nach § 25c KWG ergänzt.

V. Meldepflichten und Datenverwendung

1. Meldung von Verdachtsfällen

Die Meldepflichten des § 11 GwG stellen eine der Hauptpflichten dieses Gesetzes dar.[165] Nach § 11 GwG besteht eine unverzügliche Meldepflicht an die Zentralstelle für Verdachtsmeldungen (FIU), wenn Tatsachen vorliegen, die darauf hindeuten, dass es sich bei Vermögenswerten, die mit einer Transaktion oder Geschäftsbeziehung im Zusammenhang stehen, um den Gegenstand einer Straftat nach § 261 StGB handelt oder die Vermögenswerte im Zusammenhang mit Terrorismusfinanzierung stehen. Eine Meldepflicht besteht gemäß § 11 Abs. 1 S. 2 GwG ferner, wenn Tatsachen darauf schließen lassen, dass der Vertragspartner den wirtschaftlich Berechtigten nicht ordnungsgemäß offengelegt hatte. Unter einer Tatsache im Sinne des § 11 Abs. 1 S. 1 und 2 GwG ist zu verstehen, dass es einen konkreten, objektiv erkennbaren Anhaltspunkt für einen Bezug zu einer Katalogtat nach § 261 Abs. 1 GwG geben muss, keinesfalls muss Gewissheit

---

[164] Findeisen, Rn. 15
[165] Der bisher in § 11 GwG GwG verwendete Begriff der Anzeige wurde zur Abgrenzung von der Strafanzeige mit dem GwPrävOptG durch den Begriff der Meldung ersetzt, s. BT-Drs. 17/6804, S. 7 ff.

über einen solchen Bezug bestehen.[166] Nach dem Wortlaut des Gesetzes ist es dabei unerheblich, wann sich der Verdacht herausstellt, das heißt auch bei nachträglicher Feststellung besteht eine unverzügliche Meldepflicht. Ein konkreter, objektiv erkennbarer Anhaltspunkt ist insbesondere erforderlich, da konkrete Straftaten im Sinne von Vortaten der Geldwäsche selten mit Gewissheit festgestellt werden können. Bei der Untersuchung des Sachverhalts ist dem Verpflichteten ein Beurteilungsspielraum zuzugestehen.[167] Es besteht jedoch die Pflicht zur Sorgsamkeit.[168] Diese ist erfüllt, wenn alle möglichen Quellen zur Überprüfung von konkreten Anhaltspunkten genutzt werden. Dies können bspw. Know Your Customer-Bögen (KYC), Kundengespräche, Treffer im Monitoring-System, behördliche Auskunftsersuchen, Medienberichte, Revisionsmonita, Hinweise von anderen Kreditinstituten oder Treffer in Internetdatenbanken sein. Als Gegenindikator ist eine plausible Erklärung einer an sich auffälligen Transaktion oder eines Sachverhalts anzusehen. Es ist jedoch von einer Fehlentscheidung auszugehen, wenn von falschen Tatsachen ausgegangen wurde, allgemein gültige Bewertungsmaßstäbe missachtet wurden oder die Beurteilung von sachfremden Erwägungen geleitet wurde.[169]

Ein Verstoß gegen die Meldepflichten, zu dem auch die *nicht rechtzeitige* Abgabe der Verdachtsmeldung zählt, stellt zunächst eine Ordnungswidrigkeit nach § 17 Abs. 1 Nr. 7 GwG dar und kann mit einem Bußgeld geahndet werden, das gegen das Kreditinstitut als nach § 11 Abs. 1 GwG Verpflichteten verhängt wird. Insofern trifft den einzelnen Mitarbeiter nicht das Risiko, eine Ordnungswidrigkeit zu begehen; bei pflichtwidrigem Verstoß gegen die Meldepflichten könnte jedoch eine Strafbarkeit wegen leichtfertiger Geldwäsche gemäß § 261 Abs. 5 StGB begründet werden. Die unverzügliche Verdachtsmeldung ist daher erforderlich, um den beteiligten Mitarbeiter vor Strafbarkeitsrisiken zu schützen.

Eine Transaktion, für die eine Verdachtsmeldung abgegeben wurde, darf frühestens nach den Vorgaben des § 11 Abs. 1a GwG durchgeführt werden. Diese Stillhaltepflicht ist nicht nur verfassungsrechtlich hinsichtlich des Eingriffs in die Grundrechte des Instituts sowie der Verhältnismäßigkeit bedenklich[170], sondern auch zivilrechtlich: Das Anhalten einer Transaktion kann beim Kunden zu erheblichen Vermögensschäden führen, über deren Regulierung Bank und Kunde streiten müssten.[171]

---

[166] Fülbier in Fülbier/Aepfelbach, § 12 GwG Rn. 52
[167] Herzog in Herzog, § 11 GwG Rn. 20
[168] Fülbier in Fülbier/Aepfelbach, § 12 GwG Rn. 75 ff.
[169] Fülbier in Fülbier/Aepfelbach, § 12 GwG Rn. 53
[170] Fülbier in Fülbier/Aepfelbach, § 12 GwG Rn. 159
[171] Fülbier in Fülbier/Aepfelbach, § 12 GwG Rn. 171

2. Freistellung von der Verantwortlichkeit

Über § 13 GwG greift sowohl für die Erstattung der Verdachtsmeldung nach § 11 Abs. 1 GwG oder einer Strafanzeige nach § 158 StPO als auch für das Anhalten der Transaktion nach § 11 Abs. 1a GwG eine Haftungsfreistellung ein. „Die Haftungsfreistellung ist umfassend, erstreckt sich „auf alle denkbaren zivilrechtlichen (…) Schadenersatz-, Unterlassungs- oder sonstigen Ansprüche (…). Zugleich wird durch sie klargestellt, (dass) weder das privatrechtliche Bankgeheimnis noch ähnliche Verschwiegenheitspflichten einer Anzeige entgegenstehen. Auch Verzögerungsschäden aufgrund von Maßnahmen, die auf eine Anzeige wegen Geldwäsche zurückgehen, können damit nicht dem Anzeigeerstatter angelastet werden."[172] Zivilrechtliche Ansprüche auf den Ersatz des Vermögensschadens (insbesondere bei Verzögerung der Transaktion) eines zu Unrechts wegen Geldwäscheverdacht Geschädigten sind daher zum Scheitern verurteilt.[173] Der Kunde muss folglich seinen Schaden tragen.[174]

Umfasst sind nach der Gesetzesbegründung auch arbeitsrechtliche Schadenersatz- und Unterlassungsansprüche oder sonstige arbeitsrechtliche Konsequenzen; dies ist dann bedeutsam, wenn der Institutsmitarbeiter entgegen interner Anweisungen eine Verdachtsmeldung vornimmt.[175]

Auch wenn sich die Gesetzesbegründung nicht auf die Freistellung von der Verantwortlichkeit in strafrechtlicher Hinsicht bezieht – in Frage kommen Vortäuschen einer Straftat (§ 145d StGB), falsche Verdächtigung (§ 164 StGB) und die Verletzung von Privatgeheimnissen, nimmt die wohl herrschende Meinung[176] nach dem Wortlaut der Norm an, dass § 13 Abs. 1 GwG auch eine diesbezügliche strafrechtliche Freistellung bewirkt.

Die Haftungsfreistellung greift gemäß § 13 Abs. 2 GwG ebenso ein, wenn ein Beschäftigter einen Sachverhalt seinem Vorgesetzten oder einer unternehmensintern für die Entgegennahme einer solchen Meldung zuständigen Stelle mitteilt. Die Regelung dient zum Schutz des Mitarbeiters im Kreditinstitut, der einen Verdacht seinem Vorgesetzten oder dem Geldwäschebeauftragten meldet, diese interne Meldung aber nicht zu einer Verdachtsmeldung nach § 11 Abs. 1 GwG führt.[177] Mit der Freistellung des Mitarbeiters gemäß § 13 Abs. 2 GwG geht die Verantwortung für die Verdachtsmeldung von diesem auf die zuständige Stelle, das heißt in der Regel den Geldwäschebeauftragten über, der sich bei Unterlas-

---

[172] BT-Drs. 12/2704, S. 19
[173] Herzog in Herzog, § 13 GwG Rn. 3
[174] Fülbier in Fülbier/Aepfelbach, § 12 GwG Rn. 172
[175] Fülbier in Fülbier/Aepfelbach, § 12 GwG Rn. 8
[176] Fülbier in Fülbier/Aepfelbach, § 12 GwG Rn. 13; Herzog in Herzog, § 13 GwG Rn. 4; Diergarten, S. 253
[177] Diergarten, S. 254

sung der Verdachtsmeldung der leichtfertigen Geldwäsche strafbar machen kann, da er eine Garantenstellung innehaben kann.[178] Eine Haftung des Mitarbeiters kann somit nicht begründet werden, wenn dieser einen begründeten Geldwäscheverdacht intern an den Geldwäschebeauftragten meldet, dieser die Verdachtsmeldung aber nicht erstattet.

Die Haftungsfreistellung nach § 13 Abs. 1 und 2 GwG greift jedoch dann nicht mehr ein, wenn die Meldung oder Strafanzeige vorsätzlich oder grob fahrlässig unwahr erstattet worden ist. Der Gesetzgeber sieht in diesem Fall die Grenze des rechtlich Zulässigen überschritten[179] und möchte missbräuchliche oder unüberlegte Anzeigen unterbinden.[180] Bei vorsätzlich oder grob fahrlässig unwahr erstatteter Anzeige bzw. Nichtausführung der Transaktion kommt daher eine Schadenersatzpflicht des Instituts aus unerlaubter Handlung nach § 823 BGB in Frage. Da die Haftungsfreistellung lediglich bei *unwahrer* Anzeige nicht zur Anwendung kommt, ist der Bankangestellte solange geschützt, solange reine Tatsachen angezeigt werden, da Tatsachen nicht unwahr sein können.[181]

3. Zusammenhang zwischen Verdachtsmeldung und Strafanzeige

Die Pflicht zur Verdachtsmeldung steht gemäß § 11 Abs. 5 GwG einer freiwilligen strafbefreienden Anzeige nach § 261 Abs. 9 StGB nicht entgegen.[182] Durch die Verdachtsmeldung nach § 11 Abs. 1 und 2 GwG wird daher noch keine Straffreiheit nach § 261 Abs. 9 StGB begründet.[183] Neben der Abgabe einer Verdachtsmeldung, die in den Instituten regelmäßig zunächst intern an den Geldwäschebeauftragten erfolgen wird, sollte der mit der Transaktion befasste Mitarbeiter in den betreffenden Fällen eine Strafanzeige nach § 261 Abs. 9 StGB in Erwägung ziehen, um nicht dem Risiko einer Strafbarkeit wegen leichtfertiger Geldwäsche gemäß § 261 Abs. 5 StGB ausgesetzt zu sein. Der Mitarbeiter kann sich daher nur durch eine Strafanzeige nach § 261 Abs. 9 StGB von dem Strafbarkeitsrisiko der leichtfertigen Geldwäsche befreien. Das Kreditinstitut kann dem Mitarbeiter die Erstattung einer Anzeige nach § 261 Abs. 9 StGB nicht rechtsverbindlich untersagen.[184]

---

[178] Vgl. C. II. 2. b)
[179] BT-Drs. 12/2704, S. 19
[180] Fülbier in Fülbier/Aepfelbach, § 12 GwG Rn. 16
[181] Fülbier in Fülbier/Aepfelbach, § 12 GwG Rn. 16
[182] S. Abschnitt C. III.
[183] Zu diesem Ergebnis kommt auch Fischer, Eva, S. 105
[184] Fülbier in Fülbier/Aepfelbach, § 11 GwG Rn. 33 ff.

4. Verbot der Informationsweitergabe

Das Kreditinstitut darf gemäß § 12 Abs. 1 S. 1 GwG den Auftraggeber der Transaktion und sonstige Dritte unter den Ausnahmen gemäß § 12 Abs. 1 S. 2 GwG nicht von einer beabsichtigten oder erstatteten Verdachtsmeldung oder von einem daraufhin eingeleiteten Ermittlungsverfahren in Kenntnis setzen. Ein Verstoß gegen dieses Verbot kann zunächst als Ordnungswidrigkeit nach § 17 Abs. 1 Nr. 8 GwG geahndet werden und kann ferner eine Strafbarkeit nach § 258 StGB wegen Strafvereitelung begründen.[185]

VI. Bußgeldvorschriften

Ein nach dem Geldwäschegesetz Verpflichteter handelt ordnungswidrig, wenn er vorsätzlich oder leichtfertig seinen Pflichten gemäß § 17 Abs. 1 Nr. 1 bis 10 GwG nicht ordnungsgemäß nachkommt.

Die Ordnungswidrigkeit kann nach § 19 Abs. 2 GwG mit einer Geldbuße bis zu einhunderttausend Euro geahndet werden. Adressat der Norm ist das Kreditinstitut als Verpflichteter nach dem Geldwäschegesetz.

E. Geldwäschebekämpfung in Kreditinstituten gemäß Kreditwesengesetz (KWG)

I. Verpflichtete und Regelungsinhalt

Regelungsinhalt der §§ 25c bis 25i KWG ist nach § 25c Abs. 1 KWG die Verhinderung von Geldwäsche, Terrorismusfinanzierung oder sonstiger strafbarer Handlungen, die zu einer Gefährdung des Vermögens des Instituts führen können. Das KWG liefert keine eigenständige Definition der Geldwäsche, sondern verweist wie das GwG auf Straftaten nach § 261 StGB, so dass sich die Vorschriften des KWG ebenso auf die dort genannten Tatbestandsmerkmale beziehen. Die nach den §§ 25c bis 25i KWG Verpflichteten sind gemäß § 25c Abs. 1 KWG auf Institute, das heißt Kreditinstitute und Finanzdienstleistungsinstitute gemäß § 1 Abs. 1b i.V.m. § 1 Abs. 1 und Abs. 1a KWG sowie nach § 10a Abs. 3 S. 6 oder S. 7 KWG oder nach § 10b Abs. 3 S. 8 KWG als übergeordnetes Unternehmen geltende Finanzholding-Gesellschaften und gemischte Finanzholding-Gesellschaften anwendbar.[186]

---

[185] Fülbier in Fülbier/Aepfelbach, § 12 GwG Rn. 212
[186] Im Folgenden wird der Begriff Institute bzw. Kreditinstitute synonym für die nach § 25c Abs. 1 KWG Verpflichteten verwendet.

II. Pflichten der Kreditinstitute zur Geldwäschebekämpfung

1. Interne Sicherungsmaßnahmen (§ 25c KWG)

Gemäß § 25c Abs. 1 KWG haben Institute unbeschadet der in § 25a Abs. 1 KWG gestellten und in den Mindestanforderungen an das Risikomanagement (MaRisk) konkretisierten Anforderungen an ein angemessenes und wirksames Risikomanagement sowie der nach § 9 Abs. 1 und 2 GwG vorgeschriebenen internen Sicherungsmaßnahmen über ein angemessenes Risikomanagement sowie über Verfahren und Grundsätze verfügen, die der Verhinderung von Geldwäsche dienen. Dafür sind nach § 25c Abs.1 S. 2 KWG angemessene Sicherungssysteme und entsprechende Kontrollen, zu denen die fortlaufende Entwicklung geeigneter Strategien und Sicherungsmaßnahmen zur Verhinderung des Missbrauchs von neuen Finanzprodukten und Technologien für Zwecke der Geldwäsche gehören (§ 25 Abs. 1 KWG), zu schaffen und zu aktualisieren.

Die internen Sicherungsmaßnahmen dürfen unter den Voraussetzungen des § 25c Abs. 5 KWG ausgelagert werden.

Die Sicherungsmaßnahmen lassen sich in allgemeine (bspw. Schulung und laufende Information der Mitarbeiter, Auswertung von Quellen von Ermittlungs- und Aufsichtsbehörden, Informationsbeschaffung, klare Verantwortlichkeiten und Berichtspflichten), kundenbezogene (Know Your Customer-Prinzip) sowie mitarbeiterbezogene (Know Your Employee-Prinzip) Sicherungsmaßnahmen unterscheiden.[187] Der Umfang der Sicherungsmaßnahmen erfolgt nach Maßgabe der §§ 25c ff. KWG sowie des GwG und leitet sich aus der Gefährdungsanalyse als Ausgangspunkt risikoorientierter Geldwäschepräventionsmaßnahmen ab.

Die Präventionsmaßnahmen zur Geldwäschebekämpfung sind vom übergeordneten Unternehmen einer Institutsgruppe gemäß §25g Abs. 1 KWG gruppenweit sicherzustellen. Damit soll die Anwendung verschiedener Standards zur Geldwäschebekämpfung innerhalb der Institutsgruppe vermieden werden.[188]

a) Geldwäschebeauftragter

Die Verpflichtung zur Bestellung eines der Geschäftsleitung unmittelbar nachgeordneten (Gruppen-)Geldwäschebeauftragten regelt § 25 Abs. 4 KWG. Der Geldwäschebeauftragte ist für die Durchführung der Vorschriften zur Bekämpfung und Verhinderung der Geldwäsche und der Terrorismusfinanzierung zuständig sowie der Ansprechpartner für die Strafverfolgungsbehörden und die BaFin.

Der Gesetzgeber zielt mit der Funktion des Geldwäschebeauftragten auf eine Beschleunigung und Erleichterung der Kommunikation zwischen Ermittlungsbe-

---

[187] Frey/Mellage in Luz, § 25c KWG Rn. 19 ff.; Achtelik in BFS-KWG, § 25c KWG Rn. 13
[188] ABl. L 309 vom 25.11.2005, S. 15, 35. Erwägungsgrund

hörden und Verpflichtetem sowie auf eine Konzentration der für alle Geldwäscheangelegenheiten notwendigen Sachkompetenz in einer Person.[189] Der Geldwäschebeauftragte muss der Geschäftsleitung unmittelbar nachgeordnet sein sowie dieser direkt und unmittelbar berichten. Gemäß § 25c Abs. 4 S. 4 KWG haben Institute die für eine ordnungsgemäße Durchführung der Aufgaben des Geldwäschebeauftragten notwendigen Mittel und Verfahren vorzuhalten und wirksam einzusetzen. Dem Geldwäschebeauftragten ist ungehinderter Zugang zu sämtlichen Informationen, Daten, Aufzeichnungen und Systemen zu verschaffen, die im Rahmen der Erfüllung seiner Aufgaben von Bedeutung sein können. Ihm sind ausreichende Befugnisse zur Erfüllung seiner Funktion einzuräumen. Seine Bestellung und Entpflichtung sind der Bundesanstalt mitzuteilen.

Zu den Aufgaben des Geldwäschebeauftragter zählen bspw. die Implementierung sämtlicher Vorschriften zur Verhinderung von Geldwäsche, die Einrichtung des Risikomanagementsystems in Hinblick auf Geldwäsche, die Erstellung von Gefährdungsanalysen, die Entwicklung und fortlaufende Aktualisierung von diesbezüglichen Organisationsrichtlinien und Prozessen, die Schulung der Mitarbeiter, die Bearbeitung von Verdachtsfällen einschließlich interner Stellungnahmen sowie die Abgabe von Verdachtsmeldungen.[190]

b) Gefährdungsanalyse

Hinsichtlich der Vorschrift des § 25c Abs. 1 KWG, wonach Institute *angemessene* geschäfts- und kundenbezogene Sicherungssysteme und Kontrollen zur Verhinderung der Geldwäsche zu schaffen haben, stellt sich die Frage des Begriffs der Angemessenheit. Die BaFin konkretisiert den Begriff der Angemessenheit In Bezug auf §§ 25a Abs. 1 Satz 3 Nr. 6, Abs. 1a KWG a.F., 14 Abs. 2 Nr. 2 GwG a.F.: Angemessen seien Maßnahmen und Systeme, die der spezifischen Risikosituation des Institutes entsprechen und diese hinreichend abdecken.[191] Dies bezieht sich einerseits auf die einzelnen identifizierten Risiken, anderseits auf die Risikogesamtsituation des Instituts in Hinblick auf Organisationsstruktur, Größe, Produkt- und Kundenstruktur.[192] Zur Ermittlung der jeweiligen Risikosituation des Instituts ist danach eine Gefährdungsanalyse mit dem Ziel zu erstellen, die institutsspezifischen Risiken in Bezug auf Geldwäsche zu identifizieren, zu kategorisieren, zu gewichten sowie darauf aufbauend geeignete Präventionsmaßnahmen zu treffen.[193] Die institutseigene Gefährdungsanalyse ist somit der Ausgangs-

---

[189] BT-Drs. 12/2704, S. 19
[190] Achtelik in BFS-KWG, § 25c KWG Rn. 29
[191] BaFin 8/2005, Nr. 1
[192] Frey/Mellage in Luz, § 25c KWG Rn. 17
[193] BaFin 8/2005, Nr. 2

punkt der risikoorientierten und strukturierten Geldwäschebekämpfung und unverzichtbar für die Ermittlung der Risiken in Bezug auf Geldwäsche.[194]

Aus der Gefährdungsanalyse werden im Institut nach den einzelnen Risikokategorien entsprechende Sorgfaltspflichten abgeleitet. Die Gefährdungsanalyse wird in der Regel vom Geldwäschebeauftragten erstellt, der jedoch aus den abgeleiteten Sorgfaltspflichten nicht selbst verpflichtet ist, sondern die Einhaltung der Pflichten durch die betreffenden Mitarbeiter, bspw. in der Kundenbetreuung oder im Zahlungsverkehr, durch geeignete organisatorische Maßnahmen sicherstellen muss. Die Gefährdungsanalyse muss schriftlich fixiert und angemessen aktualisiert werden.[195] Empfehlenswert ist es daneben, das Vorgehensmodell zu dokumentieren, um den Prozess der Erstellung von der Bestandsaufnahme der Risiken bis zur Ableitung von risikobasierten Maßnahmen für Dritte nachvollziehbar zu machen.[196]

c) Datenverarbeitungssysteme

Es besteht gemäß § 25 Abs. 2 S. 1 KWG die Pflicht, Datenverarbeitungssysteme zu betreiben, um ungewöhnliche oder zweifelhafte Transaktionen zu identifizieren und diese gemäß § 25 Abs. 3 KWG zu dokumentieren. Dazu muss das gesamte Spektrum barer und unbarer Transaktionen sowie Geschäftsbeziehungen überwacht werden.[197] Bestandteile dieser Überwachung sind das Research, das heißt die nicht anlassbezogene Suche nach auf Geldwäsche hindeutenden Anhaltspunkten in der Gesamtheit aller Kunden und Transaktionen eines Instituts, das Monitoring, das heißt die gezielte, anlassbezogene Überwachung einzelner Transaktionen oder Geschäftsbeziehungen bei Anhaltspunkten für Geldwäsche[198] sowie das Screening, das heißt die Klassifizierung bzw. Rasterung nach Risikoaspekten.[199]

Jeder nach § 25c Abs. 2 S. 1 KWG zweifelhafte oder ungewöhnliche Sachverhalt ist gemäß § 25c Abs. 3 S. 1 KWG vom Institut zu untersuchen, um das Risiko der jeweiligen Geschäftsbeziehungen oder Transaktionen zu überwachen sowie das Vorliegen eines nach § 11 Abs. 1 GwG meldepflichtigen Sachverhalts oder die Erstattung einer Strafanzeige gemäß § 158 StPO prüfen zu können.

Soweit es zur Erfüllung der Pflicht nach § 25 Abs. 2 S. 1 KWG erforderlich ist, dürfen Kreditinstitute gemäß § 25c Abs. 2 S. 2 KWG personenbezogene Daten erheben, verarbeiten und nutzen. Es ist zu prüfen, ob sich aus dieser Vorschrift Rechtsrisiken im Verhältnis zu datenschutzrechtlichen Bestimmungen ergeben

---

[194] Käppel-Schäfer/Schäfer, Rn. 188
[195] BaFin 8/2005, Nr. 5-6
[196] Hentschel/Auerbach in AS-KWG, § 25c KWG Rn. 27
[197] Hentschel/Auerbach in AS-KWG, § 25c KWG Rn. 48 ff.
[198] Hentschel/Auerbach in AS-KWG, § 25c KWG Rn. 48
[199] Zentes/Wybitul, S. 564

können. § 25c Abs. 2 S. 2 KWG stellt eine explizite Rechtsgrundlage zur Erhebung, Verarbeitung und Nutzung personenbezogener Daten i.S. des BDSG dar und geht damit als Spezialnorm gemäß § 1 Abs. 3 S. 1 BDSG diesem Gesetz vor. Diese ausdrückliche Regelung konnte die vor ihrer Einführung bestehenden datenschutzrechtlichen Bedenken[200] ausräumen. Sie stellt den Schutz der Beeinträchtigung des Persönlichkeitsrechts gemäß BDSG hinter das Interesse, Wirtschaftskriminalität und Geldwäsche durch die Datenverarbeitungspflicht gemäß KWG zu verhindern oder aufzudecken.

§ 25c Abs. 2 S. 2 KWG deckt die Erhebung, Verarbeitung und Nutzung personenbezogener Daten im Rahmen der Pflicht ab, angemessene Datenverarbeitungssysteme zu betreiben. Die Angemessenheit dieser Datenverarbeitungssysteme bestimmt sich nach der jeweiligen Risikosituation des Kreditinstituts und den daraus abgeleiteten Maßnahmen. Daher könne das KWG keine konkreten Maßnahmen, die das BDSG in dieser Hinsicht insgesamt verdrängen würden, vorgeben.[201] Da jedoch alle Geschäftsbeziehungen und einzelne Transaktionen im Zahlungsverkehr erkannt werden müssen, die in Bezug auf Geldwäsche als *zweifelhaft oder ungewöhnlich* anzusehen sind, wird die Risikoschwelle niedrig festgelegt werden können, so dass eine weitreichende Überwachung mit entsprechender Erhebung, Verarbeitung und Nutzung personenbezogener Daten angemessen erscheint. Ungewöhnlichkeiten und Auffälligkeiten liegen nach Auffassung des Gesetzgebers „bereits dann vor, wenn für einen Institutsmitarbeiter aufgrund seines Erfahrungswissens oder bankgeschäftlichen bzw. banktechnischen Vorverständnisses und ohne weitere Abklärung, Aufbereitung oder Anreicherungen des Sachverhalts Abweichungen vom üblichen Verhalten oder Geschäftsgebaren eines Kunden oder sonstigen Dritten bzw. ungewöhnlich Abwicklungsformen von Geschäften festzustellen sind."[202] Voraussetzung sei danach nicht, dass die „noch ungeprüften Ungewöhnlichkeiten oder Auffälligkeiten bereits die Qualität eines Verdachts"[203] gemäß § 11 Abs. 1 GwG haben; ausdrücklich weist der Gesetzgeber daraufhin, dass es auf das Vorliegen eines strafprozessualen Anfangsverdachts nicht ankommt,[204] entgegen der in Literatur teilweise vertretenen Auffassung.[205]

In dem von KWG vorgeschriebenen (angemessenen) Umfang schließt § 25c Abs. 2 S. 2 KWG somit jegliche Haftungsrisiken gegenüber Betroffenen für die Bank und deren Mitarbeiter aus. Die Vorschriften des BDSG wären nur dann an-

---

[200] Bspw. Berliner Beauftragter für Datenschutz und Informationsfreiheit, S. 51
[201] Zentes/Wybitul, S. 569
[202] BT-Drucks. 17/3023, S. 61
[203] BT-Drucks. 17/3023, S. 61
[204] BT-Drucks. 17/3023, S. 61
[205] Herzog in Herzog, § 11 GwG, Rn. 24

wendbar, wenn der Umfang der Erhebung, Verarbeitung und Nutzung personenbezogener Daten über das gemäß § 25c Abs. 2 S. 1 KWG angemessene Maß hinausgeht.[206] Eine weitergehende Nutzung dieser Daten könnte dann bspw. durch § 28 Abs. 1 S. 1 Nr. 2 BDSG gerechtfertigt sein. Bei einem Verstoß gegen datenschutzrechtliche Bestimmungen kommen Bußgelder, Gewinnabschöpfung und Schadenersatzforderungen der Betroffenen in Frage.[207]

Die Vorschriften des § 25c Abs. 2 und Abs. 3 KWG gestatten es zur Erkennung zweifelhafter oder ungewöhnlicher Sachverhalte daneben auch, personenbezogene Daten der Beschäftigten der Kreditinstitute zu erheben, zu verarbeiten und zu nutzen, ohne dabei die Abwägung zwischen den Interessen des Kreditinstituts und den schutzwürdigen Interessen der betroffenen Mitarbeiter oder den Maßstab des § 32 BDSG durchführen zu müssen, wobei der Grundsatz der Verhältnismäßigkeit jedoch gewahrt werden müsse.[208] Dies schließt wiederum Haftungsrisiken des Geldwäschebeauftragten, dem die Zuverlässigkeitsprüfung der Mitarbeiter regelmäßig obliegen wird, gegenüber den übrigen Beschäftigten aus.

Die nach § 25c Abs. 1 S. 1 KWG Verpflichteten werden gemäß § 25c Abs. 3 S. 4 bis 5 KWG ermächtigt, einander im Einzelfall Informationen im Rahmen ihrer Untersuchungspflichten mit Bezug auf Geldwäsche zu übermitteln, wenn dies für eine Verdachtsmeldung oder Strafanzeige zur Geldwäsche erforderlich scheint. Diese Vorschrift stellt eine ausdrückliche Rechtsgrundlage zum Austausch kundenbezogener Daten dar und schließt somit Haftungsrisiken gegenüber Vertragspartnern aus der Verletzung des Bankgeheimnisses für die Bank und deren Mitarbeiter aus. Gleiches gilt bei der Übermittlung von Informationen gemäß § 11 Abs. 1 S. 2 und Abs. 3 GwG.

Im Ergebnis ist das Haftungsrisiko aus datenschutzrechtlichen Verstößen für Bankmitarbeiter im Allgemeinen sowie den Geldwäschebeauftragter im Besonderen aufgrund der Reichweite der spezialgesetzlichen Vorschrift des KWG und möglicher Auffangtatbestände des BDSG als gering zu bewerten.

2. Sorgfaltspflichten

a) Allgemeine Sorgfaltspflichten

Hinsichtlich allgemeiner Sorgfaltspflichten existiert im KWG keine Konkretisierung der Vorschriften nach §§ 3, 4 GwG für Institute. Somit werden an Institute in dieser Hinsicht grundsätzlich die gleichen Anforderungen wie an die übrigen nach dem GwG Verpflichteten gestellt. Die BaFin gibt jedoch in verschiedenen Rund-

---

[206] Zentes/Wybitul, S. 569
[207] Zentes/Wybitul, S. 568
[208] Eßer, S. 10

schreiben[209] zur Geldwäsche Auslegungshinweise zu den allgemeinen Sorgfaltspflichten, die trotz der oben dargestellten Rechtsproblematik im Zusammenhang mit Rundschreiben der BaFin wohl verbindlich zu berücksichtigen sind.

b) Vereinfachte und verstärkte Sorgfaltspflichten

Gemäß §25d Abs. 1 KWG können Institute vorbehaltlich einer Risikobewertung des Instituts auf Grund besonderer Umstände des Einzelfalls über § 5 GwG hinaus vereinfachte Sorgfaltspflichten für bestimmte Fallgruppen anwenden. Die gilt gemäß § 25d Abs. 2 KWG nicht, wenn einem Institut im Hinblick auf eine konkrete Transaktion oder Geschäftsbeziehung Informationen vorliegen, die darauf schließen lassen, dass das Risiko der Geldwäsche nicht gering ist. Die Institute haben angemessene Informationen nach Maßgabe des § 8 GwG aufzuzeichnen und aufzubewahren, die für die Darlegung gegenüber der BaFin erforderlich sind, dass die Voraussetzungen für die Anwendung der vereinfachten Sorgfaltspflichten vorliegen. Diese Vorschriften verdeutlichen nochmals die entscheidende Rolle der Gefährdungsanalyse im Institut: Diese kann grundsätzlich für die in §25d Abs. 1 KWG genannten Geschäfte vereinfachte Sorgfaltspflichten vorsehen, muss aber bei konkreten Anhaltspunkten für ein höheres Risiko wieder zu allgemeinen oder gar verstärkten Sorgfaltspflichten führen.

Allerdings werden die bereits unübersichtlichen Fallgruppen des §25d Abs. 1 KWG zusätzlich durch bestimmte Schwellenwerte verkompliziert und erscheinen damit weitestgehend praxisuntauglich, sodass Kreditinstitute im Sinne schlanker Prozesse stattdessen auf die allgemeinen Sorgfaltspflichten zurückgreifen werden.[210] Die Empfehlung, im Hinblick auf den reibungslosen Geschäftsablauf von den Erleichterungen des § 25d KWG keinen Gebrauch zu machen,[211] erscheint nicht in letzter Konsequenz durchdacht, da die an die allgemeinen Sorgfaltspflichten anknüpfenden Datenerhebungs- und verarbeitungspflichten, für die bei Anwendbarkeit vereinfachter Sorgfaltspflichten keine Rechtsgrundlage besteht, neue, insbesondere datenschutzrechtliche Probleme aufwerfen können.

Für Institute greift in § 25e KWG abweichend von § 4 Abs. 1 GwG eine Vereinfachungsregelung bei der Durchführung der Identifizierung. Danach kann die Identitätsprüfung unverzüglich, das heißt ohne schuldhaftes Verzögern, nach der Eröffnung eines Kontos oder Depots abgeschlossen werden, wenn sichergestellt ist, dass vor Abschluss der Überprüfung der Identität keine Gelder von dem Konto oder dem Depot abverfügt werden können und im Fall einer Rückzahlung eingegangener Gelder diese nur an den Einzahler ausgezahlt werden dürfen. Die

---

[209] Bspw. BaFin 1997; BaFin 14/2009; BaFin 2/2012
[210] Achtelik/Ganguli, Rn. 114
[211] Auerbach/Spies in AS-KWG, § 25d KWG Rn. 6; Achtelik in BFS-KWG, § 25d KWG Rn. 1

Vertragsbeziehung muss beendet werden, wenn die Identitätsprüfung nicht nachgeholt werden kann.[212] Die Überwachung derartiger Fälle ist zur Vermeidung von Strafbarkeitsrisiken wegen Geldwäsche für das Kreditinstitut entscheidend.

§25f KWG regelt über § 6 GwG hinaus Fälle, in denen verstärkte Sorgfaltspflichten gelten. Neben verstärkten Sorgfaltspflichten nach § 6 GwG zu PEP sowie nicht persönlich Anwesenden regelt § 25f KWG Korrespondenzbeziehungen zu ausländischen Korrespondenzinstituten. Der Gesetzgeber sieht in der Abwicklung des Zahlungsverkehrs über Korrespondenzinstitute ein erhöhtes Risiko und reagiert mit der Einführung dieser Vorschrift auf die Monita der FATF-Deutschlandprüfung vom 18. Februar 2010.[213] Die Ursache für das erhöhte Risiko ist darin zu sehen, dass dem die Zahlungen weiter- oder durchleitenden Institut grundsätzlich weder Auftraggeber noch Begünstigter der Transaktion hinreichend bekannt sind.[214]

F. Bewertung der Vorschriften zur Geldwäsche und Geldwäschebekämpfung

Mit jeder Novellierung der geldwäscherechtlichen Vorschriften für Kreditinstitute wurden die Komplexität der Sorgfaltspflichten und Sicherungsmaßnahmen erhöht. Dies erhöht insbesondere für nicht auf die Materie spezialisierte Bankbeschäftigte Rechtsrisiken und Rechtsunsicherheiten. Die Auslegungs- und Anwendungshinweise der Deutschen Kreditwirtschaft stellen jedoch eine sinnvolle und praxisorientierte Abgrenzung und Präzisierung dar.

Auch stößt die Auslagerung einzelner die Institute betreffender Regelungen durch das GwBekErgG in das KWG auf Kritik, da diese sachlich mit Vorschriften des GwG zusammenhängende Regelungsinhalte auseinander reiße und zu Unklarheiten bei der Rechtsanwendung führe.[215] Diese Kritik erscheint unbegründet, da nur durch Regelungen des KWG die Aufsichtsbehörden erweiterte Sanktionsmöglichkeiten erhalten, anderseits Regelungen für übrige Verpflichtete als allgemeine gewerberechtliche Verpflichtungen außerhalb des KWG geregelt werden müssen.

Die Auswirkungen der weitreichenden Identifizierungs- und Dokumentationspflichten auf das Vertrauensverhältnis zwischen Kreditinstitut und Vertragspartner sind fraglich, „das ohnehin bereits arg strapazierte Bankgeheimnis (werde) weit-

---

[212] Frey/Mellage in Luz, § 25e KWG Rn. 1
[213] BT-Drucks. 17/3023, S. 63
[214] Glaab/Kruse, S. 51
[215] Achtelik/Ganguli, Rn. 30 f.

gehend ausgehöhlt und faktisch außer Kraft gesetzt."[216] Die Rechtsgrundlagen für die weitreichenden Identifizierungs-, Dokumentations- und vor allem Informations- und Meldepflichten führen bei richtiger Anwendung jedoch zu einem praktisch vollständigen zivilrechtlichen Haftungsausschluss hinsichtlich datenschutzrechtlicher Bestimmungen, was diesbezügliche Rechtsunsicherheiten minimiert.

Die Bekämpfung der Geldwäsche ist als kriminalpolitischem Konzept teilweise deutlicher Kritik ausgesetzt, so sei, da Geldwäsche die Folge von vermögensorientierter Kriminalität ist, objektiv tatbestandsmäßige Geldwäsche unvermeidlich, so dass die „Massen-Strafbarkeit" aus Leichtfertigkeit oder bedingt vorsätzlichem Versuch der Geldwäsche eine ernsthafte Anwendung des Tatbestands die Strafverfolgung ad absurdum führe; dabei werde eine Umsetzung des kriminalpolitisches Konzept „in einem Nebel begrifflicher Unklarheit" verhindert.[217]

Auch die Kostennutzenabwägung wird sehr kritisch gesehen: Der Tatbestand der Geldwäsche führe ein „seltsam unberührtes Eigenleben" mit unzähligen Konzeptpapieren, Tagungen und Polizeiabteilungen, der „inzwischen fast alles erlaubt und gleichwohl fast nichts" erreiche und eine tatsächliche Verfolgung von Geldwäsche-Tätern nur in verschwindend geringem Umfang stattfinde, so dass sich das Konzept als „eklatant unwirksam" erwiesen habe und die Relation der Gesamtkosten zum tatsächlich Erfolg katastrophal sei.[218] Die Verpflichteten des GwG müssten im Auftrag und Dienst des Staates personal- und kostenintensive Vorkehrung zur Umsetzung der Geldwäschepräventionsvorschriften betreiben.[219] Die Rede ist von der „AML-Industrie", als Beschreibung eines expandierenden „Marktes an Beratungsunternehmen und Softwareentwicklern auf dem Terrain der Aufspürung schmutzigen Geldes".[220] In diesem Zusammenhang wird auch die Weiterentwicklung der Vorschriften zur Geldwäschebekämpfung kritisiert: Das Konzept zur Geldwäschebekämpfung stütze sich auf „eine Dynamik ständiger Erweiterung; stets fehlt zum großen Erfolg angeblich noch eine letzte Ausweitung des Tatbestands", in „paradoxer Logik" würde die Legitimität des Konzepts aus dessen Erfolglosigkeit abgeleitet, obwohl die dadurch bekämpften Gefahren den „Freiheitsgarantien und Legitimationsgründen der Gesellschaft immanent" seien.[221]

Ein weiterer Kritikpunkt setzt am „Trend zur Privatisierung von Strafverfolgung und Sozialkontrolle" an, da hoheitliche Aufgaben des Staates mit hoher Eingriffsintensität in Privatsphäre und Grundrechte Betroffener auf Private übertragen

---

[216] Achtelik/Ganguli, Rn. 180
[217] Fischer, Thomas, § 261 StGB Rn. 4a
[218] Fischer, Thomas, § 261 StGB Rn. 4b
[219] Herzog in Herzog, Einleitung Rn. 96
[220] Herzog in Herzog, Einleitung Rn. 96
[221] Fischer, Thomas, § 261 StGB Rn. 4c

würden.[222] Den Mitarbeitern würde eine Gehilfenstellung bei der Strafverfolgung aufgebürdet, ohne dass das Strafbarkeitsrisiko, dem sie bei ihrer Tätigkeit, die fast zwangsläufig mit illegalen Transaktionen in Kontakt komme müsse, ausgesetzt seien, ausgeschlossen oder wenigstens minimiert würde.[223] Bei der Ausgestaltung des Straftatbestands des § 261 StGB sei die besondere Situation der Bankenmitarbeiter nicht ausreichend berücksichtigt, da seine alltägliche Berufsausübung als Geldwäschehandlungen angesehen würden.[224]

In seiner aktuellen Fassung wird § 261 StGB daneben aufgrund der vielfältigen supranationalen und europarechtlichen Einflüsse als nicht befriedigend ausgestaltet angesehen.[225]

Auch wenn das Konzept in seiner Ausgestaltung und Wirksamkeit nicht so drastisch gesehen werden muss, ist insbesondere aus Sicht eines redlichen Bankbeschäftigten festzustellen, dass es erhebliche Rechtsrisiken und Rechtsunsicherheiten bietet, einen enormen Verwaltungs- und Organisationsaufwand verursacht, gleichzeitig aber die „Trefferquote" in den Kreditinstituten überschaubar bleibt. Letzteres ist auch darauf zurückzuführen, dass der kriminelle Geldwäscher längst andere Wege gefunden hat, Gelder zu waschen, als über Kreditinstitute.

Nach anderer Auffassung sei die strafgesetzliche Definition der Geldwäsche hingegen zu eng, da bei ausschließlicher Beschränkung des Straftatbestands der Geldwäsche auf die in § 261 Abs. 1 S. 2 StGB genannten Vortaten die Gefahr bestehe, dass moderne kriminelle Handlungen und Techniken zur Geldwäsche wie bspw. Cybercrime nicht von der strafrechtlichen Definition erfasst würden.[226] Dem muss jedoch entgegengestellt werden, dass erstens eine völlige Straflosigkeit neuer Methoden und Techniken der Geldwäsche in Hinblick auf § 261 Abs. 1 S. 2 Nr. 1 StGB ausgeschlossen scheint sowie zweitens eine fortlaufende Ausdehnung der Straftatbestände die Finanzwirtschaft immer weiter unter generellen Strafverdacht stellt und immer größere Aufwände verursacht, jedoch der Ausbreitung moderner Geldwäschemethoden ebenso wenig entgegen setzen kann. Ein pauschaler Geldwäscheverdacht, der Bankmitarbeiter vor allem angesichts des Tatbestandsmerkmals der Leichtfertigkeit trifft, erscheint im Hinblick auf die modernen Geldwäschemethoden, bei denen regelmäßig kein persönlicher Kontakt stattfindet, schon gar nicht angemessen.

Das Bundeskriminalamt sieht die Entwicklung der gesetzlichen Regelungen zur Geldwäschebekämpfung auf dem richtigen Weg und sieht in der im Jahr 2010 weiter gestiegenen Anzahl der erstatteten Verdachtsmeldungen nach dem GwG

---

[222] Herzog in Herzog, Einleitung Rn. 96
[223] Fischer, Eva, S. 14
[224] Fischer, Eva, S. 15
[225] Jahn in SSW-StGB, § 261 StGB Rn. 1
[226] Hölscher et al., S. 6

ein Indiz für erste Ergebnisse der „gemeinsamen Anstrengungen" zur Umsetzung der von der FATF aufgezeigten Optimierungspotenziale in Deutschland.[227] Bestimmte Methoden der Geldwäsche wie bargeld- oder kontenbezogene Typologien könnten durch die vorgeschriebenen Sicherungssysteme, konsequente Compliance-Politik und effiziente Strukturen im internen Risikomanagement heutzutage besser aufgedeckt und verhindert werden.[228]

Im Hinblick auf die Rechtsrisiken für Mitarbeiter in Kreditinstitute bleibt schließlich zu konstatieren, dass sich mit jeder Novellierung der Vorschriften zur Geldwäsche bzw. Geldwäschebekämpfung der Fokus von der organisierten Kriminalität weg hin zu einem immer weiter gefassten strafrechtlichen Rahmen verschoben hat.[229] Die Rechtsrisiken, denen Mitarbeiter in Kreditinstituten dabei ausgesetzt sind, werden aufgrund dieser Defokussierung eher zunehmen.

G. Fragen zivilrechtlicher Haftung im Zusammenhang mit der Geldwäsche

I. Vorüberlegungen

Verstößt das Kreditinstitut bzw. der Bankangestellte gegen Sorgfaltspflichten bzw. sonstige Vorschriften nach dem Geldwäschegesetz oder dem Kreditwesengesetz, kommen neben der Sanktionierung der Verstöße als Ordnungswidrigkeit oder mit strafrechtlichen Mitteln deliktische Ansprüche der Geschädigten in Betracht. Ein Schaden ist insbesondere dann vorstellbar, wenn eine erforderliche Verdachtsmeldung nach § 11 GwG unterlassen wird und ein Vermögensschaden entsteht, der mit einer ordnungsgemäßen Verdachtsmeldung hätte vermieden bzw. vermindert werden können. Dies ist speziell der Fall, wenn das Kreditinstitut Verfügungen zugelassen hat, die es bei ordnungsgemäßer Beachtung der Sorgfaltspflichten zur Geldwäscheprävention hätte verhindern müssen wie bspw. der Abverfügung eines von Dritten eingezahlten Betrags, den der Überweisende bspw. durch Betrug oder Untreue erhalten hat, vom Konto des Vertragspartners als Gläubiger eines mit dem Kreditinstitut geschlossenen Zahlungsdienstevertrags nach § 675f BGB. In diesem Fall besteht weder ein Schuldverhältnis zwischen Geschädigtem und Überweisungsinstitut noch kommt eine vertragliche Schutzwirkung zugunsten Dritter oder eine Drittschadensliquidation in Betracht,[230] so dass Schadenersatzansprüche wegen Verletzung einer Pflicht aus dem Schuldverhältnis ausscheiden. Eine vertragliche Haftung des Kreditinstituts nach § 276 BGB aus der Zurechnung des Verhaltens des Bankan-

---

[227] Bundeskriminalamt, S. 7
[228] Findeisen, Rn. 24
[229] Moseschus/Wessel, S. 549
[230] Seibert, S. 2007

gestellten nach § 278 BGB ist daher praktisch kaum relevant, da zwischen dem Kreditinstitut und dem aus den unerlaubten Handlungen des Vortäters oder des Institutsmitarbeiters Geschädigten regelmäßig kein Schuldverhältnis besteht. Ebenso kann eine Erweiterung vertraglicher Schutzpflichten der Empfängerbank gegenüber dem Überweisenden nach § 311 Abs. 3 S. 1 BGB durch die Pflicht zur Verdachtsmeldung nach § 11 GwG nicht hergeleitet werden.[231]

Indessen kommt eine deliktische Haftung des Kreditinstituts aufgrund der Straffälligkeit wegen Geldwäsche nach § 261 StGB gemäß §§ 831 Abs. 1, 823 Abs. 2 BGB in Betracht, aufgrund einer Verletzung der Berufspflichten des Mitarbeiters und deren Zurechnung zum Kreditinstitut gemäß §§ 831 Abs. 1, 826 BGB sowie aufgrund einer Verletzung der Organisationspflichten hinsichtlich der Geldwäscheprävention gemäß §§ 31, 823 Abs. 1 BGB.[232]

II. Schadenersatzpflicht des Kreditinstituts aus unerlaubter Handlung

Es könnten die Voraussetzungen einer deliktischen Haftung des Kreditinstituts als Geschäftsherr aufgrund der Verletzung einer Auswahl-, Ausrichtungs- oder Überwachungspflicht gegenüber der beauftragten Hilfsperson nach § 831 Abs. 1 S. 1 BGB im Fall eines Geldwäschetatbestands vorliegen. Danach ist, wer einen anderen zu einer Verrichtung bestellt, zum Ersatz des Schadens verpflichtet, den der andere in Ausführung der Verrichtung einem Dritten widerrechtlich zufügt. Die Ersatzpflicht tritt gemäß § 831 Abs. 1 S. 2 BGB jedoch nicht ein, wenn der Geschäftsherr bei der Auswahl der bestellten Person die im Verkehr erforderliche Sorgfalt beobachtet oder wenn der Schaden auch bei Anwendung dieser Sorgfalt entstanden sein würde. Das Kreditinstitut haftet nach § 831 Abs. 1 S. 1 BGB aufgrund eines vermuteten eigenen Verschuldens für das zu einem Schadenseintritt bei einem Dritten führende Fehlverhalten von Hilfspersonen.[233] Die Verschuldensvermutung zu Lasten des Kreditinstituts bezieht sich auf die Verletzung seiner Auswahl- oder Überwachungspflicht gegenüber der beauftragten Hilfsperson, so dass keine Haftung für fremdes, dem Kreditinstitut zugerechnendem Fehlverhalten, sondern für die Verletzung eigener, das Kreditinstitut selbst treffender Verkehrssicherungspflichten begründet wird.[234] Schutzgüter des § 831 BGB sind die im Sinne des § 823 Abs. 2 BGB geschützten Interessen,[235] also auch das Vermögen des Geschädigten, so dass eine deliktische Haftung nach § 831 BGB grundsätzlich in Frage kommt.

---

[231] Seibert, S. 2008
[232] Seibert, S. 2007
[233] Matusche-Beckmann in jurisPK-BGB, Bd. 2/3, § 831 BGB Rn. 1
[234] Matusche-Beckmann in jurisPK-BGB, Bd. 2/3, § 831 BGB Rn. 1
[235] Matusche-Beckmann in jurisPK-BGB, Bd. 2/3, § 831 BGB Rn. 1

Bei ordnungsgemäßer Einrichtung der Geldwäschepräventionsmaßnahmen nach dem GwG und dem KWG, einschließlich der Bestellung eines Geldwäschebeauftragten, der Erstellung von Arbeitsanweisungen zur Geldwäschebekämpfung, der Schulung der Mitarbeiter sowie organisatorischer Maßnahmen bei Verdachtsfällen wird sich das Kreditinstitut nach § 831 Abs. 1 S. 2 BGB exkulpieren können. Eine Haftung der Bank für den Mitarbeiter nach § 831 Abs. 1 S. 1, 823 Abs. 2 BGB i.V. mit § 261 StGB scheidet unter diesen Umständen in der Regel aus.

III. Schadenersatzpflicht des Bankmitarbeiters aus unerlaubter Handlung

1. Vorüberlegungen

Erfüllt der Mitarbeiter einen Geldwäschestraftatbestand, kommt bei dadurch verursachten Schäden, die ein Dritter erleidet, eine Haftung des Bankmitarbeiters nach § 823 BGB für die durch ihn begangene unerlaubte Handlung in Betracht. Da § 831 BGB im Verhältnis zu § 823 BGB die speziellere Norm ist, ist § 823 BGB grundsätzlich nur anwendbar, wenn die Voraussetzungen des § 831 BGB nicht vorliegen oder dem Geschäftsherrn die Exkulpation nach § 831 Abs. 1 S. 2 BGB gelungen ist.

2. Schadenersatzpflicht wegen Verletzung besonders geschützter Rechtsgüter

Gemäß § 823 Abs. 1 BGB ist, wer vorsätzlich oder fahrlässig das Leben, den Körper, die Gesundheit, die Freiheit, das Eigentum oder ein sonstiges Recht eines anderen widerrechtlich verletzt, dem anderen zum Ersatz des daraus entstehenden Schadens verpflichtet.

Es ist zu prüfen, ob die Tatbestandsvoraussetzungen der Geldwäsche bzw. Verstöße gegen Geldwäschepräventionsvorschriften vorliegen können.

In Frage kommt eine zivilrechtliche Haftung eines Bankenmitarbeiters aufgrund der Verletzung von Persönlichkeitsrechten wegen Verstoßes gegen das BDSG oder wegen der Verletzung des Bankgeheimnisses. Diese scheidet mangels Widerrechtlichkeit jedoch aus, wenn die den gesetzlichen und aus der Gefährdungsanalyse abgeleiteten Risikokategorien entsprechenden Sorgfaltspflichten befolgt werden, die durch die §§ 25c ff. KWG und des Geldwäschegesetzes abgedeckt sind. Durch diese spezialgesetzlichen Vorschriften sind jegliche Erhebung, Verarbeitung, Nutzung und soweit gestattet Weitergabe von personenbezogenen Daten rechtlich zulässig, so dass ein Schadenersatzanspruch ausscheidet.

Die Verletzung des Lebens, des Körpers, der Gesundheit, der Freiheit oder des Eigentums[236] nach § 823 Abs. 1 BGB kommt im Zusammenhang mit Geldwäschedelikten nicht in Frage.

3. Schadenersatzpflicht wegen Verstoß gegen ein Schutzgesetz

a) Schadenersatzpflicht nach § 823 Abs. 2 BGB in Verbindung mit § 261 StGB
Die Schadenersatzpflicht nach § 823 Abs. 1 BGB trifft gemäß § 823 Abs. 2 BGB auch denjenigen, welcher gegen ein den Schutz eines anderen bezweckendes Gesetz verstößt. Ist nach dem Inhalt des Gesetzes ein Verstoß gegen dieses auch ohne Verschulden möglich, so tritt die Ersatzpflicht nur im Falle des Verschuldens ein. Der BGH bejahte die Voraussetzung des § 261 StGB als Schutzgesetz im Sinne des § 823 Abs. 2 BGB. [237]

Die erforderliche Rechtswidrigkeit gemäß § 823 Abs. 1 BGB wird durch die Verletzung des Schutzgesetzes indiziert.[238] Weitere Voraussetzung des § 823 Abs. 2 BGB ist das Verschulden. Nach herrschender Meinung bezieht sich das Verschulden im Sinne des § 823 Abs. 2 BGB allein auf die Verletzung des Schutzgesetzes, so dass der subjektive Tatbestand des Schutzgesetzes auch für die Schadenersatzpflicht nach § 823 Abs. 2 BGB maßgeblich sei.[239] Daher muss der Verletzer bei Schutzgesetzen, die ein Verschulden voraussetzen, die erforderliche Schuldform verwirklichen; bei Fahrlässigkeit gelte auch bei Straf- oder Ordnungswidrigkeiten der objektive Fahrlässigkeitsmaßstab des § 276 BGB. [240] Dieser ist im Gegensatz zum Strafrecht ein objektiv-abstrakter Sorgfaltsmaßstab, der auf die allgemeinen Verkehrsbedürfnisse ausgerichtet ist, so dass der Schuldner den Fahrlässigkeitsvorwurf nicht durch die Berufung auf fehlende Fachkenntnisse oder Verstandeskräfte entkräften könne.[241]

Der Tatbestand der Leichtfertigkeit nach § 261 Abs. 5 StGB wird durch das Außerachtlassen der verkehrsüblichen Sorgfalt verwirklicht.[242]

Demnach erfüllt, wenn die objektiven und subjektiven Tatbestandsvoraussetzungen der Geldwäsche nach § 261 Abs. 1 und Abs. 2 StGB erfüllt sind, der Bankangestellte als Täter nach § 261 StGB ebenso die Voraussetzungen des § 823 Abs. 2 BGB und macht sich daher gegenüber dem Geschädigten nach dieser

---

[236] Im Gegensatz zu § 823 BGB Abs. 2 BGB kommen nach § 823 BGB Abs. 1 BGB nur rechtliche Einwirkungen auf das Eigentum in Frage, also nicht eine Schädigung des Vermögens (Lange/Schmidbauer in jurisPK-BGB, Bd. 2/3, § 823 BGB Rn. 11 ff.).
[237] BGH, Urteil vom 06.05.2008 – XI ZR 56/07 – juris Rn. 49 (KORE303452008)
[238] BGH, Urteil vom 26.02.1993 – V ZR 74/92 – juris Rn. 19 (KORE300309300)
[239] Lange/Schmidbauer in jurisPK-BGB, Bd. 2/3, § 823 BGB Rn. 179; Sprau in Palandt, § 823 BGB Rn. 60 mit weiteren Nachweisen
[240] Sprau in Palandt, § 823 BGB Rn. 60
[241] Heinrichs in Palandt, § 276 BGB Rn. 15
[242] Siehe unter C. II. 2. b)

Vorschrift wegen der durch ihn begangenen unerlaubten Handlung schadenersatzpflichtig. Dies ist in der Praxis insbesondere von Bedeutung, da die Voraussetzungen des § 823 Abs. 2 BGB auch dann vorliegen, wenn das subjektive Tatbestandsmerkmal der Leichtfertigkeit nach § 261 Abs. 5 StGB erfüllt ist.

b) Schadenersatzpflicht nach § 823 Abs. 2 BGB in Verbindung mit dem GwG

Nach einem Urteil des BGH scheiden Ansprüche gemäß § 823 Abs. 2 BGB i.V. mit den Vorschriften des GwG aus, weil diese keine Schutzgesetze sind.[243] Begründet wurde dies damit, dass den Gesetzesmaterialien nicht zu entnehmen sei, dass „den Identifizierungs- und Anzeigepflichten des GwG nach dem Willen des Gesetzgebers zumindest auch die Funktion zukommen soll, die Vermögensinteressen der durch die Vortaten Geschädigten zu schützen".[244]

Dadurch sind zivilrechtliche Haftungsfragen bei einer ungerechtfertigten Verdachtsmeldung oder dem Stoppen einer verdächtigen Transaktion im Einklang mit der umfangreichen Haftungsfreistellung nach § 13 GwG von untergeordneter Bedeutung. Bankangestellte sind aufgrund dieser Haftungsfreistellung bei Einhaltung aller Sorgfaltspflichten, das heißt insbesondere, dass die Meldung oder Strafanzeige nicht vorsätzlich oder grob fahrlässig unwahr erstattet worden ist, vor zivilrechtlichen Schadenersatzansprüchen geschützt.

4. Schadenersatzpflicht wegen sittenwidriger vorsätzlicher Schädigung

Es könnte eine Schadenersatzpflicht wegen sittenwidriger vorsätzlicher Schädigung in Frage kommen. Wer in einer gegen die guten Sitten verstoßenden Weise einem anderen vorsätzlich Schaden zufügt, ist gemäß § 826 BGB dem anderen zum Ersatz des Schadens verpflichtet.

Die Schadenersatzpflicht nach § 826 BGB setzt demnach zunächst Vorsatz voraus. Der Schädiger müsste dazu spätestens im Zeitpunkt des Schadenseintritts die Schadensart und Schadensrichtung sowie die Schadensfolgen vorausgesehen und gewollt oder zumindest billigend in Kauf genommen haben,[245] wobei nicht erforderlich ist, dass der Schadenseintritt gewünscht oder beabsichtigt ist.[246] Bei redlichem Handeln scheidet eine vorsätzliche sittenwidrige Schädigung aus. Eine zivilrechtliche Haftung nach § 826 BGB für den einzelnen Mitarbeiter oder das Kreditinstitut ist demnach nicht ersichtlich.

---

[243] BGH, Urteil vom 06.05.2008 – XI ZR 56/07 – juris Rn. 50 (KORE303452008)
[244] BGH, Urteil vom 06.05.2008 – XI ZR 56/07 – juris Rn. 52 (KORE303452008)
[245] Sprau in Palandt, § 826 BGB Rn. 10; BGH, Urteil vom 17.09.1985 – VI ZR 73/84 – juris Rn. 16 (KORE106698501); Alpmann in jurisPK-BGB, Bd. 2/1, § 276 BGB Rn. 7
[246] Heinrichs in Palandt, § 276 BGB Rn. 10

IV. Zurechnungsfragen

Da die zivilrechtliche Haftung nach § 823 Abs. 2 BGB greift, wenn der Tatbestand der Geldwäsche nach § 261 BGB erfüllt ist, stellt sich die Frage, ob der einzelne Mitarbeiter schadenersatzpflichtig ist oder dessen Verhalten dem Kreditinstitut zuzurechnen ist. Die Frage der Zurechnung des Verhaltens seiner Mitarbeiter als Täter ist für das Kreditinstitut von besonderer praktischer Relevanz, da ein Betroffener seinen Schadenersatzanspruch zunächst gegenüber dem Kreditinstitut und nicht gegenüber dem einzelnen Mitarbeiter geltend machen wird.

Gemäß § 31 BGB ist der Verein für den Schaden verantwortlich, den der Vorstand, ein Mitglied des Vorstands oder ein anderer verfassungsmäßig berufener Vertreter durch eine in Ausführung der ihm zustehenden Verrichtungen begangene, zum Schadensersatz verpflichtende Handlung einem Dritten zufügt. Diese Vorschrift ist auf alle sonstigen Körperschaften des Privatrechts, also auch auf Kreditinstitute in Form einer AG oder GmbH, anwendbar.[247] Zum Kreis des verfassungsgemäß berufenen Vertreters zählen nicht nur diejenigen, die durch die Satzung der juristischen Person als solche bestellt worden sind; es genügt, dass dem Handelnden durch allgemeine Betriebsregelung und tatsächliche Betrauung bedeutsame, wesensgleiche Funktionen eines Außenvertreters der juristischen Person zur eigenverantwortlichen Erfüllung zugewiesen sind;[248] bspw. als Filialleiter eines Kreditinstituts.[249] Diese Anforderungen werden vom Geldwäschebeauftragten in seiner der Geschäftsleitung unmittelbar nachgeordneten Stellung und seiner Verantwortlichkeit für die Durchführung der Vorschriften zur Bekämpfung und Verhinderung der Geldwäsche und als externer Ansprechpartner der Strafverfolgungsbehörden gemäß § 25c. Abs. 4 KWG erfüllt, jedoch nicht vom weisungsgebundenen Angestellten. Eine zivilrechtliche Haftung des Kreditinstituts für eine zum Schadensersatz verpflichtende Handlung des Geldwäschebeauftragten ist demnach nach § 31 BGB gegeben.

V. Beschränkung der Haftung des Bankangestellten

Im Falle eines entstandenen Schadens stellt sich die Frage nach der persönlichen Haftung des Arbeitnehmers, das heißt vor allem, ob ein Schadensausgleich im Innenverhältnis rechtlich zulässig ist, wenn das Kreditinstitut für Schäden in Anspruch genommen wird, die zwar vom Mitarbeiter verursacht, dem Kreditinstitut jedoch zuzurechnen sind.

Im Arbeitsrecht wurden die allgemeinen Haftungsgrundsätze des BGB durch die Entwicklung einer Haftungsbeschränkung zu Gunsten des Arbeitnehmers einge-

---

[247] Otto in jurisPK-BGB, Bd. 1, § 31 BGB Rn. 10
[248] Otto in jurisPK-BGB, Bd. 1, § 31 BGB Rn. 20
[249] BGH, Urteil vom 12.07.1977 – VI ZR 159/75 – juris Rn. 16 (BORE003750001)

schränkt, die bei Tätigkeiten eingreift, die betrieblich veranlasst sind und aufgrund des Arbeitsverhältnisses geleistet werden.[250] Betrieblich veranlasst sind solche Tätigkeiten, die dem Arbeitnehmer arbeitsvertraglich übertragen worden sind oder die er im Interesse des Arbeitgebers für den Betrieb ausführt.[251] Der Arbeitnehmer haftet bei diesen Tätigkeiten folgendermaßen: Bei grober Fahrlässigkeit ist der Schaden in der Regel vom Arbeitnehmer alleine zu tragen.[252] Nach diesem Maßstab handelt grob fahrlässig, „wer die im Verkehr erforderliche Sorgfalt nach den gesamten Umständen in ungewöhnlich hohem Maße verletzt und unbeachtet lässt, was im gegebenen Fall jedem hätte einleuchten müssen."[253] Im Gegensatz zum objektiven Maßstab bei einfacher Fahrlässigkeit müssen bei grober Fahrlässigkeit subjektive Umstände berücksichtigt werden.[254] Bei normaler Fahrlässigkeit kommt es zu einer Abwägung der Gesamtumstände – insbesondere von Schadensanlass und Schadensfolgen – nach Billigkeits- und Zumutbarkeitsgesichtspunkten zu einer anteiligen Aufteilung des Schadens.[255] Ein für den Schaden mitursächliches Verschulden des Arbeitgebers, einschließlich ein ihm gemäß § 278 BGB zurechenbares Verschulden Dritter, ist zu berücksichtigen.[256] Dies kommt bspw. in Betracht, wenn Organisationsrichtlinien und Arbeitsanweisungen nicht so gefasst sind, dass bei deren ordnungsgemäßer Berücksichtigung ein Schaden hätte vermieden werden können. Bei leichter Fahrlässigkeit haftet der Arbeitnehmer gar nicht.[257]

Der Straftatbestand der leichtfertigen Geldwäsche und eine sich daraus ergebende zivilrechtliche Haftung nach § 823 Abs. 2 BGB kann wie oben dargestellt nur bei grober Fahrlässigkeit verwirklicht werden. Erfüllt der Bankmitarbeiter den Straftatbestand der leichtfertigen Geldwäsche durch grobe Fahrlässigkeit, ist er daher einem zivilrechtlichen Haftungsrisiko ausgesetzt, da der Schaden in der Regel von ihm selbst zu tragen ist und bei Inanspruchnahme des Kreditinstituts der Mitarbeiter zum Ausgleich des Schadens im Innenverhältnis verpflichtet ist.

H. Bedeutung der rechtlichen Sanktionen für Bankmitarbeiter
I. Bedeutung strafrechtlicher Risiken für Bankmitarbeiter
1. Bewertung des strafrechtlich relevanten Rechtsrahmens

Die von internationalen Vorgaben geprägten Präventionsvorschriften des GwG und des KWG, die durch Rundschreiben der BaFin und die Auslegungs- und An-

---

[250] Hausch/Fandel in jurisPK-BGB, Bd. 2/2, § 611 BGB Rn. 301
[251] BAG, Urteil vom 18.04.2002 – 8 AZR 348/01 – juris Rn. 17 (KARE600006556)
[252] Hausch/Fandel in jurisPK-BGB, Bd. 2/2, § 611 BGB Rn. 307 mit weiteren Nachweisen
[253] Hausch/Fandel in jurisPK-BGB, Bd. 2/2, § 611 BGB Rn. 307 mit weiteren Nachweisen
[254] Hausch/Fandel in jurisPK-BGB, Bd. 2/2, § 611 BGB Rn. 307 mit weiteren Nachweisen
[255] Hausch/Fandel in jurisPK-BGB, Bd. 2/2, § 611 BGB Rn. 310 mit weiteren Nachweisen
[256] Hausch/Fandel in jurisPK-BGB, Bd. 2/2, § 611 BGB Rn. 310
[257] BAG, Urteil vom 17.09.1998 – 8 AZR 175/97 – juris Rn. 52 (KARE526060503)

wendungshinweise der Deutschen Kreditwirtschaft ergänzt bzw. präzisiert werden, sowie der Straftatbestand der Geldwäsche nach § 261 StGB stellen den wesentlichen Rechtsrahmen der Anforderungen an Bankmitarbeiter in diesem Kontext dar. Innerhalb dieses Rechtsrahmens sind Bankangestellte Strafbarkeitsrisiken, am ehesten wegen leichtfertiger Geldwäsche, ausgesetzt. Dies ist darauf zurückzuführen, dass bereits der objektive Tatbestand aufgrund nicht exakt abgrenzbarer sowie weitreichender Tatbestandsmerkmale für Mitarbeiter in Kreditinstituten erhebliche Strafbarkeitsrisiken birgt, die in den täglichen Geschäftshandlungen ohne Weiteres verwirklicht werden können. Aufgrund des Tatbestandsmerkmals der Leichtfertigkeit schränkt der erforderliche subjektive Tatbestand dieses Risiko kaum ein, so dass auch der nicht wissentlich und willentlich handelnde Bankmitarbeiter Strafbarkeitsrisiken in Bezug auf die Geldwäsche ausgesetzt ist.[258]

Erschwert wird dies dadurch, dass etliche Bankdienstleistungen, wie Bargeldverkehr, Überweisungsaufträge und Wertpapiergeschäfte für Zwecke der Geldwäsche missbraucht werden können.[259] Eine angesichts dieser Tatsache möglicherweise angezeigte Tatbestandseinschränkung für die Berufsgruppe der Bankmitarbeiter ist nicht in Sicht. Somit kann sich auch der redlich gesinnte Bankmitarbeiter der leichtfertigen Geldwäsche schuldig machen, wenn er die verkehrsübliche Sorgfalt außer Acht lässt.

2. Persönliche Pflichten des Bankangestellten

Angesichts des strafrechtlichen Rechtsrahmens ist eine strikte Befolgung aller rechtlichen Vorgaben und internen Anweisungen, das heißt der Beachtung der verkehrsüblichen Sorgfalt, unumgänglich, um das Strafbarkeitsrisiko zu minimieren. Die Reichweite und Detailtiefe der Sorgfalts- und organisatorischen Pflichten zur Geldwäschebekämpfung führen zur erheblichen Umsetzungsschwierigkeiten dieser trivial erscheinenden Schlussfolgerung. Durch den mit der Dritten Anti-Geldwäsche-Richtlinie geschaffenen risikobasierten Ansatz bei der Umsetzung der Sorgfaltspflichten wird ein Ermessens- und Interpretationsspielraum geschaffen, der die rechtlichen Risiken im Vergleich zum bisherigen regelbasierten Ansatz deutlich erhöht, für den Geldwäschebeauftragten bei der Implementierung, für den Bankmitarbeiter bei der Durchführung der Maßnahmen. Wesentliche praktische Aspekte dieser Sorgfaltspflichten werden nachfolgend kurz dargestellt.

---

[258] Fischer, Eva, S. 93
[259] Fischer, Eva, S. 26

a) Meldepflichten

Eine Verdachtsmeldung nach § 11 Abs. 1 GwG sollte vom betreffenden Mitarbeiter im Institut stets intern gegenüber dem Geldwäschebeauftragten erstattet werden, damit dieser den Sachverhalt prüfen und mit seiner Fachkompetenz über die Verdachtsmeldung gegenüber der Behörde entscheiden kann. Dadurch kann die Gefahr von zivilrechtlichen Haftungsrisiken gegenüber Kunden aufgrund einer vorsätzlich oder grob fahrlässig unwahr erstatten Anzeige minimiert werden. Ansonsten ist der Mitarbeiter aufgrund der internen Abgabe der Verdachtsmeldung gemäß § 13 Abs. 2 GwG von der Haftung freigestellt.

Die Verdachtsmeldung führt jedoch nicht zum Ausschluss der Strafbarkeit des Mitarbeiters wegen leichtfertiger Geldwäsche. Die Exkulpation ist jedoch über § 261 Abs. 9 StGB möglich, es sei denn, die Tat wurde bereits entdeckt. Um den Bankangestellten vor Strafbarkeitsrisiken zu schützen, sollte dieser grundsätzlich auf die Möglichkeit einer Anzeige nach § 261 Abs. 9 StGB hingewiesen und diese Option ansonsten nicht durch interne, arbeitsrechtlich bedenkliche, möglicherweise dennoch bindende Anweisungen unterbunden werden. Insofern der Geldwäschebeauftragte keine Verdachtsmeldung nach § 11 GwG abgibt, sollte er dies gegenüber dem meldenden Mitarbeiter schriftlich begründen[260] und nochmals gesondert auf die Möglichkeit einer Anzeige nach § 261 Abs. 9 StGB hinweisen, um in der beschriebenen Situation das Strafbarkeitsrisiko für den Mitarbeiter zu minimieren.

Das Verbot der Informationsweitergabe nach § 12 GwG ist strikt zu beachten, um keine Strafbarkeit wegen Strafvereitelung zu begründen. Die zulässige Informationsweitergabe an andere Verpflichtete gemäß GwG oder KWG sollte in jedem Fall über den Geldwäschebeauftragten erfolgen, da dieser die Reichweite der Ausnahmeregelungen einschätzen kann.

Bei Abgabe einer Verdachtsmeldung ist eine Beendigung der Geschäftsbeziehung mit dem Vertragspartner anzuraten. Ansonsten steigt nach einer abgegeben Verdachtsmeldung das Strafbarkeitsrisiko für den beteiligten Mitarbeiter, da in diesem Fall aufgrund besonders verschärfter Sorgfalts- und Überwachungspflichten das Tatbestandsmerkmal der leichtfertigen Geldwäsche noch eher erfüllt ist. Zu groß ist die Gefahr für den involvierten und regelmäßig nicht rechtskundigen, im Detail nicht mit Geldwäschevorschriften vertrauten Mitarbeiter, bei der Durchführung seiner Aufgaben Anhaltspunkte bei solchen Geschäftsverbindungen zu übersehen. Dies sollte auch im Fall einer Bitte der Ermittlungsbehörden, die Geschäftsbeziehung aufrechtzuerhalten, um weitere Informationen erlangen zu können, gelten. Auf die etwaige Zusicherung der Straffreiheit von Sei-

---

[260] Herzog in Herzog, § 11 GwG Rn. 30

ten der Ermittlungsbehörden kann sich das Kreditinstitut nicht verlassen.[261] Bankenaufsichtsrechtlich wird die Beendigung der Geschäftsbeziehung durch das Institut nicht beanstandet, die Weiterführung verdächtiger Konten für die Strafverfolgung gehöre nicht zu den Aufgaben der Kreditinstitute und der Missbrauch des Instituts für Geldwäsche sei vorrangiges Ziel.[262] Aufgrund zivilrechtlicher Haftungsrisiken des Instituts bei außerordentlicher Kündigung zur Unzeit sollte, wenn nicht andere gewichtete Gründe für eine außerordentliche Kündigung vorliegen, jedoch eine ordentliche Kündigung ausgesprochen werden.[263]

b) Schulungsteilnahme

Der Institutsmitarbeiter, der mit der Durchführung von Geschäften oder Transaktionen befasst ist, kann nur dann die erforderliche Sorgfalt walten lassen, durch die sich eine Strafbarkeit wegen Geldwäsche vermeiden lässt, wenn er über die internen Sicherungsmaßnahmen und Sorgfaltspflichten nach dem Geldwäschegesetz angemessen informiert ist und in allen relevanten Aspekten der Geldwäsche ausreichend geschult und sensibilisiert ist. Dazu gehört die Kenntnis der Berichtspflichten, der Regelungen der Verantwortlichkeiten und Genehmigungsbefugnisse.

3. Persönliche Pflichten des Geldwäschebeauftragten

Dem Geldwäschebeauftragten obliegt aufgrund seiner Sachkompetenz und seines Wissensvorsprungs im Bereich der Geldwäschebekämpfung die Umsetzung aller Sorgfaltspflichten und internen Sicherungsmaßnahmen einschließlich der regelmäßigen Schulung der Mitarbeiter über die Methoden der Geldwäsche, über den Pflichtenkatalog zur Geldwäschebekämpfung und der diesbezüglichen internen organisatorischen Abläufe und Regelungen sowie die Überwachung der Mitarbeiter in der Hinsicht, dass sie im Rahmen ihrer Aufgabenerfüllung keine Straftaten nach § 261 StGB begehen.[264]

Grundlage einer angemessenen Umsetzung der Pflichten des Geldwäschebeauftragten bilden neben den gesetzlichen Vorschriften zur Geldwäschebekämpfung, diesbezüglichen Kommentaren und Gesetzbegründungen insbesondere der Leitfaden zum risikoorientierten Ansatz zur Bekämpfung von Geldwäsche und Terrorismusfinanzierung der FATF[265], die Auslegungs- und Anwendungshinweise der Deutschen Kreditwirtschaft zur Verhinderung von Geldwäsche, Terrorismusfinan-

---

[261] Fischer, Eva, S. 109
[262] Fülbier in Fülbier/Aepfelbach, § 11 GwG Rn. 188 mit weiteren Nachweisen
[263] Fülbier in Fülbier/Aepfelbach, § 11 GwG Rn. 200 f.
[264] Fischer, Eva, S. 134
[265] Financial Action Task Force

zierung und „sonstigen strafbaren Handlungen"[266] sowie der Fragebogen gemäß § 21 PrüfbV. Änderungen gesetzlicher Anforderungen müssen vom Geldwäschebeauftragten unverzüglich und ordnungsgemäß implementiert und bekanntgegeben werden, um strafrechtliche Risiken auszuschließen. Aufgrund des Kompetenzvorsprungs ist beim Geldwäschebeauftragten das Tatbestandsmerkmal der Leichtfertigkeit eher erfüllt als beim normalen Bankmitarbeiter.

Den Geldwäschebeauftragten trifft die Pflicht zur Verhinderung von Straftaten nach § 261 StGB aus seiner Garantenstellung. Er kann sich somit über die strafrechtlichen Sanktionen hinaus, die für die übrigen Mitarbeiter in Kreditinstituten relevant sind, der Geldwäsche durch Unterlassen strafbar machen.

II. Bedeutung von Ordnungswidrigkeiten für Bankmitarbeiter
Adressat der Bußgeldvorschriften nach § 17 GwG, § 130 OWiG oder § 56 KWG ist das Kreditinstitut bzw. dessen Organe, so dass weder dem einzelnen Mitarbeiter noch dem Geldwäschebeauftragten bei entsprechenden Verstößen Sanktionen aufgrund von Ordnungswidrigkeiten drohen. Ein möglicher Regressanspruch des Arbeitgebers im Rahmen der Innenhaftung ist jedoch innerhalb der arbeitsrechtlich Haftungsschranken nach den Grundsätzen des innerbetrieblichen Schadensausgleichs möglich.[267]

III. Bedeutung der zivilrechtlichen Haftung für Bankmitarbeiter
Bereits im Rahmen der strafrechtlichen Beurteilung hat sich gezeigt, dass die Abgrenzung zwischen einem durch den Bankmitarbeiter verwirklichten strafrechtlichen Geldwäschetatbestand nach § 261 StGB, der eine eigene oder eine zivilrechtliche Schadenersatzhaftung seines Kreditinstituts nach § 823 Abs. 2 BGB nach sich zieht, und einem Handeln, dass noch nicht den Tatbestand der Geldwäsche erfüllt, erst nach dem subjektiven Tatbestand zu beurteilen ist.[268] Daraus ergibt sich ein zivilrechtliches Haftungsrisiko, weil die Tathandlungen wohl erst im Nachhinein in der Rückschau durch die Prozessbeteiligten im Zivilprozess als tatbestandsmäßiges Handeln nachvollziehbar sind, in der Handlungssituation aber mitnichten durchschaubar und offensichtlich waren.[269] Daher lässt sich wie auch bei der strafrechtlichen Betrachtung schlussfolgern, dass nur eine ordnungsgemäße Geschäftsorganisation in Hinblick auf die Vorschriften zur Geldwäscheprävention das Haftungsrisiko des Kreditinstituts und des Mitarbeiters minimieren und so weit wie möglich ausschließen kann. Wird der Tatbestand der

---

[266] Die Deutsche Kreditwirtschaft
[267] Siehe unter G. V.
[268] Zu diesem Ergebnis kommt auch Seibert, S. 2012
[269] Seibert, S. 2012

Geldwäsche dennoch verwirklicht, können Umfang und Zurechnung der zivilrechtlichen Haftung bzw. deren Ausgleich im Innenverhältnis aufgrund des Verschuldensgrades zwischen dem Mitarbeiter und dem Kreditinstitut als mit dem Ergebnis der strafrechtlichen Perspektive kongruent betrachtet werden.

Über diese Sachverhalte hinaus, bei denen strafrechtliche und zivilrechtliche Konsequenzen gleichermaßen greifen, besteht ein zivilrechtliches Haftungsrisiko bei einer zu weitreichenden Umsetzung der Geldwäschepräventionsvorschriften, die nicht mehr von den gesetzlichen Grundlagen des GwG und KWG gedeckt ist und dadurch gegen datenschutzrechtliche Bestimmungen verstößt.

Analog zu bußgeldbewehrten Ordnungswidrigkeiten ist auch bei zivilrechtlichen Schadenersatzansprüchen, die gegen das Kreditinstitut geltend gemacht werden, ein Regressanspruch des Arbeitgebers im Rahmen der Innenhaftung innerhalb der arbeitsrechtlich Haftungsschranken nach den Grundsätzen des innerbetrieblichen Schadensausgleichs möglich.

Des Weiteren besteht teilweise eine Inkongruenz zwischen aufsichtsrechtlichen Anforderungen sowie den damit verbundenen Sanktionsmöglichkeiten durch die Aufsichtsbehörden einerseits und der zivilrechtlichen Zulässigkeit solcher Anforderungen sowie den daraus resultierenden Haftungsrisiken andererseits; das heißt, nicht jede Anforderungen der Aufsichtsbehörden ist zivilrechtlich unbedenklich und kann das Kreditinstitut somit Schadenersatzansprüchen aussetzen.

Teil 3: Fazit – Handlungsempfehlungen zur Vermeidung von Rechtsverstößen und Ausblick

Seit der Einführung des Straftatbestands der Geldwäsche nach § 261 StGB und der gesetzlichen Pflichten zur Geldwäschebekämpfung für Kreditinstitute sind die Rechtsrisiken für Beschäftigte in Kreditinstituten enorm gestiegen: Geldwäsche kann gewöhnliche Bankdienstleistungen betreffen. Der objektive Tatbestand hat eine derartige Reichweite, dass sich eine zutreffende Beurteilung für den rechtsunkundigen Bankangestellten schwierig gestaltet. Das Risiko, dass das Herrühren eines Vermögensgegenstands aus einer Vortat nicht erkannt wird, ist hoch und somit auch das Strafbarkeitsrisiko für den betroffenen Bankmitarbeiter. Dies ist angesichts einer leichtfertig zu begehenden Geldwäsche besonders riskant. Die risikoorientierten Sorgfaltspflichten zur Geldwäschebekämpfung lassen Ermessensspielräume zu, die eine ordnungsgemäße Umsetzung und Berücksichtigung erschweren. Folglich weist jede berufliche Handlung eines Bankmitarbeiters, die den Tatbestand der Geldwäsche erfüllen könnte, ein strafrechtliches Risiko auf. Mitarbeiter in Kreditinstituten sind dadurch jedoch nicht nur strafrechtlichen Risiken ausgesetzt, sondern sie machen sich im Falle der (leichtfertigen) Geldwäsche daneben gegenüber Dritten schadenersatzpflichtig. Ein zivilrechtliches Haftungsrisiko besteht außerdem im Fall einer zu strengen Befolgung aufsichtsrechtlicher Vorschriften wegen Verletzung von Persönlichkeitsrechten Betroffener. Anderseits führt eine nicht ordnungsgemäße Umsetzung der Geldwäschepräventionsvorschriften schnell in den Bereich von Ordnungswidrigkeiten oder gar strafbarer Handlungen. Selbst bei exakter Befolgung aller Sorgfaltspflichten bleibt das Risiko für den Bankangestellten, sich der leichtfertigen Geldwäsche strafbar zu machen, hoch. Eine Übererfüllung der Sorgfaltspflichten ist daher ebenso kritisch wie eine Untererfüllung, die zu strafrechtlichen Sanktionen und zivilrechtlichen Haftungsrisiken für den einzelnen Mitarbeiter bzw. Bußgeldern bei Ordnungswidrigkeiten für das Institut führen kann. Die Kreditinstitute und ihre Mitarbeiter bewegen sich trotz der enormen organisatorischen Aufwände, die durch die Umsetzung der Geldwäschepräventionsvorschriften erforderlich sind, auf einem schmalen rechtlichen Grat.

In der Praxis kann folglich nur eine exakte Umsetzung sämtlicher gesetzlicher Vorschriften zur Geldwäschebekämpfung zu bestmöglicher Rechtssicherheit führen. Dazu gehören insbesondere ein internes Risikomanagement und eine Prozessorganisation im Einklang mit den geldwäscherechtlichen Vorschriften sowie klare Arbeitsanweisungen und strikt zu befolgende Entscheidungswege. Die Kreditinstitute müssen zudem über Schulungen, Informationen und Arbeitsanweisungen sicherstellen, dass es dem einzelnen Mitarbeiter jederzeit möglich ist, die Anforderungen in ihrer täglichen Berufsausübung zu erfüllen, das heißt objektiv nachprüfbar und dokumentiert, die im Hinblick auf Geldwäsche verkehrsübliche Sorgfalt zu beachten. Der Geldwäschebeauftragte sollte in regelmäßigen Schulungen und Unterrichtungen zu Methoden der Geldwäsche und Präventionsmaßnahmen auf die Rechtsrisiken in diesem Bereich verdeutlichen und dabei die Mitarbeiter zur Vermeidung von Strafbarkeitsrisiken wegen leichtfertiger Geldwäsche auf die Möglichkeit der eigenen Erstattung einer Anzeige im Verdachtsfall hinweisen. Die Erstattung von Verdachtsmeldungen sollte jedoch ausschließlich dem Geldwäschebeauftragten obliegen. Nicht ordnungsgemäße Verdachtsmeldungen setzen die Mitarbeiter dem Risiko aus, dass die Haftungsfreistellung des Geldwäschegesetzes nicht greift.

Außer Frage steht, dass sich angesichts des ausufernden, konturenlosen Straftatbestands der Geldwäsche einerseits und den komplizierten aufsichtsrechtlichen Präventionsvorschriften andererseits ein ordnungsgemäßes und korrektes Verhalten des Bankangestellten nicht ohne Weiteres umsetzen lässt, ohne in den Bereich eines strafrechtlichen oder zivilrechtlichen Haftungsrisikos zu gelangen. Angesichts der enormen praktischen Schwierigkeiten, ein gesetzeskonformes Verhalten in jeder Hinsicht umzusetzen und sämtliche Haftungsrisiken auszuschließen sowie des mit den gesetzlichen Vorschriften zur Geldwäschebekämpfung verbundenen Aufwands in den Kreditinstituten auf der einen und den durch diese Vorschriften erreichten geringen Erfolge bei der Geldwäschebekämpfung sowie der Verlagerung der Geldwäsche auf Bereiche außerhalb der Kreditinstitute auf der anderen Seite, ist dies besonders kritisch zu sehen.

Angemessen erscheint daher die Konzentration des Straftatbestands der Geldwäsche auf die ursprüngliche Zielsetzung, die organisierte Kriminalität zu bekämpfen, ohne den Straftatbestand für die Verfolgung bestimmter Vergehen zu gebrauchen sowie eine strafrechtliche Freistellung des Bankangestellten bei ordnungsgemäßer Ausübung seiner beruflichen Tätigkeit anstelle der gesetzlichen Festschreibung eines übergreifenden Generalverdachts. Gegen ersteren Vorschlag spricht die historische Entwicklung des Geldwäschegesetzes, die vielmehr eine weitere Ausdehnung des Straftatbestands in der Zukunft erwarten lässt. Letzeres wäre durch die Streichung der fahrlässigen Geldwäsche erreichbar und führte § 261 StGB wieder zu dem Grundsatz zurück, fahrlässiges Verhalten im Bereich der Vermögensdelikte nicht unter Strafe zu stellen. Diese Überlegung müsste der Gesetzgeber anstellen. Bis dahin ist eine richterliche Einschränkung analog der Strafverteidigung beim Bankangestellten jedoch nicht ersichtlich.

Literaturverzeichnis

Achtelik, Olaf; Ganguli, Indranil: Geldwäschebekämpfung als Bestandteil des internen Risikomanagements. In: Achtelik, Olaf (Hg.): Risikoorientierte Geldwäschebekämpfung, 2. Aufl., Heidelberg 2011, Rn. 1-187.

Berliner Beauftragter für Datenschutz und Informationsfreiheit, Bericht des Berliner Beauftragten für Datenschutz und Informationsfreiheit zum 31. Dezember 2005, Berlin 2006. Online verfügbar unter http://www.datenschutz-berlin.de/attachments/26/bericht_2005.pdf?1163148925, abgerufen am 16.09.2012.

Boos, Karl-Heinz; Fischer, Reinfrid; Schulte-Mattler, Hermann, Kreditwesengesetz. Kommentar zu KWG und Ausführungsvorschriften, 4. Aufl., München 2011 (zitiert: Bearbeiter in BFS-KWG)

Bremser, Frank: Skandal um britische Großbank: HSBC in Geldwäsche-Skandal verwickelt. In: FTD, 17.07.2012. Online verfügbar unter http://www.ftd.de/unternehmen/finanzdienstleister/:skandal-um-britische-grossbank-hsbc-in-geldwaesche-verwickelt/70064293.html, abgerufen am 16.09.2012.

Bundesanstalt für Finanzdienstleistungsaufsicht, Rundschreiben 1/2012 (GW), 06.03.2012 (zitiert: BaFin 1/2012) Online verfügbar unter http://www.bafin.de/SharedDocs/Veroeffentlichungen/DE/Rundschreiben/rs_1201_gw_auas.html?nn=2696490, abgerufen am 16.09.2012.

Bundesanstalt für Finanzdienstleistungsaufsicht, Rundschreiben 2/2012 (GW), 21.03.2012 (zitiert: BaFin 2/2012). Online verfügbar unter http://www.bafin.de/SharedDocs/Veroeffentlichungen/DE/Rundschreiben/rs_1202_gw_fatf_erklaerung.html?nn=2696490, abgerufen am 16.09.2012.

Bundesanstalt für Finanzdienstleistungsaufsicht, Rundschreiben 8/2005 (GW), 23.03.2005 (zitiert: BaFin 8/2005). Online verfügbar unter http://www.bafin.de/SharedDocs/Veroeffentlichungen/DE/Rundschreiben/rs_0508_gw_implementierung_risikosysteme.html, abgerufen am 16.09.2012.

Bundesanstalt für Finanzdienstleistungsaufsicht, Verlautbarung des Bundesaufsichtsamtes für das Kreditwesen über Maßnahmen der Finanzdienstleistungsinstitute zur Bekämpfung und Verhinderung der Geldwäsche, 30.12.1997 (zitiert: BaFin 1997) Online verfügbar unter http://www.bafin.de/SharedDocs/Veroeffentlichungen/DE/Verlautbarung/ver_971230_gw.html, abgerufen am 16.09.2012.

Bundesanstalt für Finanzdienstleistungsaufsicht: Rundschreiben 14/2009 (GW), 29.07.2009 (zitiert: BaFin 14/2009). Online verfügbar unter http://www.bafin.de/SharedDocs/Veroeffentlichungen/DE/Rundschreiben/rs_0914_gw.html, abgerufen am 16.09.2012.

Bundeskriminalamt, Jahresbericht 2008, Wiesbaden 2008. Online verfügbar unter http://www.bka.de/nn_193364/SharedDocs/Downloads/DE/Publikationen/JahresberichteUndLagebilder/FIU/Jahresberichte/fiuJahresbericht2008,templateId=raw,property=publicationFile.pdf/fiuJahresbericht2008.pdf, abgerufen am 16.09.2012.

Die Deutsche Kreditwirtschaft: Auslegungs- und Anwendungshinweise der DK zur Verhinderung von Geldwäsche, Terrorismusfinanzierung und „sonstigen strafbaren Handlungen", 16.12.2011. Online verfügbar unter http://www.diedeutsche-kreditwirtschaft.de/uploads/media/DK-Hinweise_Stand16-12-2011.pdf, abgerufen am 16.09.2012.

Diergarten, Achim, Geldwäsche. Kommentar, 2. Aufl., Stuttgart 2010.

Eßer, Martin: Der neue § 25c KWG - Aufdeckung von Straftaten in Kreditinstituten. In: DSB 7-8, 2011, S. 10.

Financial Action Task Force (FATF), Leitfaden zum risikoorientierten Ansatz zur Bekämpfung von Geldwäsche und Terrorismusfinanzierung, 2007. Online verfügbar unter http://www.bka.de/nn_204310/SharedDocs/Downloads/DE/Publikationen/JahresberichteUndLagebilder/FIU/FatfGafi/fiuLeitfadenBekaempfungGeldwaesche062007,templateId=raw,property=publicationFile.pdf/fiuLeitfadenBekaempfungGeldwaesche062007.pdf, abgerufen am 16.09.2012.

Findeisen, Michael: § 70 Geldwäschegesetz. In: Peter Derleder (Hg.): Handbuch zum deutschen und europäischen Bankrecht, 2. Aufl., Berlin 2009, S. 2121-2141.

Fischer, Eva Susanne, Die Strafbarkeit von Mitarbeitern der Kreditinstitute wegen Geldwäsche, Frankfurt am Main 2011.

Fischer, Thomas, Strafgesetzbuch und Nebengesetze, 58. Aufl., München 2011.

Fülbier, Andreas; Aepfelbach, Rolf, GwG. Kommentar zum Geldwäschegesetz, 5. Aufl., Köln 2006 (zitiert: Bearbeiter in Fülbier/Aepfelbach).

Glaab, Sebastian; Kruse, Lars-Heiko: Korrespondenzbanken in der Pflicht. In: Die Bank, 7, 2010, S. 51-55.

Herzog, Felix, Geldwäschegesetz (GwG). Kommentar, München 2010 (zitiert: Bearbeiter in Herzog).

Hölscher, Reinhold; Gesmann-Nuissl, Dagmar; Hornbach, Christian, Systeme zur Geldwäschebekämpfung in der EU, Berlin 2011.

Internationaler Währungsfonds, Jahresbericht 2010, Washington D.C. 2010. Online verfügbar unter http://www.imf.org/external/german/pubs/ft/ar/2010/ar10_deu.pdf, abgerufen am 16.09.2012.

Juris PraxisKommentar BGB, Band 1, Allgemeiner Teil, hrsg. von Wolfram Viefhues, Maximilian Herberger, Michael Martinek, Helmut Rüssmann und Stephan Weth, 5. Aufl., Saarbrücken 2010 (zitiert: Bearbeiter in jurisPK-BGB, Bd. 1)

Juris PraxisKommentar BGB, Band 2, Schuldrecht, hrsg. von Wolfram Viefhues, Maximilian Herberger, Michael Martinek, Helmut Rüssmann und Stephan Weth, 5. Aufl., Saarbrücken 2010 (zitiert: Bearbeiter in jurisPK-BGB, Bd. 2)

Käppel-Schäfer, Beate; Schäfer, Dieter: Gefährdungsanalyse als Basis für die Implementierung von Geldwäschepräventionsmaßnahmen. In: Achtelik, Olaf (Hg.): Risikoorientierte Geldwäschebekämpfung, 2. Aufl., Heidelberg 2011, S. 137-200.

Leipziger Kommentar Strafgesetzbuch, Band 8, §§ 242 bis 262, hrsg. von Heinrich Wilhelm Laufhütte, Ruth Rissing-van Saan, Klaus Tiedemann, 12. Auflage, Berlin 2010 (zitiert: Bearbeiter in LeipKomm).

Luz, Günther, Kreditwesengesetz (KWG). Kommentar zum KWG inklusive SolvV, LiqV, GroMiKV, MaRisk, 2. Aufl., Stuttgart 2011 (zitiert Bearbeiter in Luz).

Moseschus, Alexander; Wessel, Magdalena: Geldwäscheprävention: Eine regulatorische Herausforderung – oder: Was ist mit dem Debitor im Factoring. In: Grieser, Simon; Heemann, Manfred (Hg.): Bankenaufsicht nach der Finanzmarktkrise, Frankfurt am Main 2011, S. 531-550.

Palandt, Otto, Bürgerliches Gesetzbuch. Mit Einführungsgesetz (Auszug), BGB-Informationspflichten-Verordnung, Unterlassungsklagengesetz, Produkthaftungsgesetz, Erbbaurechtsverordnung, Wohnungseigentumsgesetz, Hausratsverordnung, Vormünder- und Betreuervergütungsgesetz, Lebenspartnerschaftsgesetz, Gewaltschutzgesetz (Auszug), bearbeitet von bearbeitet von Bassenge, Brudermüller, Diederichsen, Edenhofer, Heinrichs, Heldrich, Putzo, 65. Aufl., München 2006 (zitiert: Bearbeiter in Palandt).

Satzger, Helmut; Schmitt Bertram, StGB. Strafgesetzbuch Kommentar, 1. Aufl., Köln 2009 (zitiert: Bearbeiter in SSW-StGB).

Schlicht, Manuela: Anpassung angemessener Sicherungsmaßnahmen an Geldwäscherisiken. In: Achtelik, Olaf (Hg.): Risikoorientierte Geldwäschebekämpfung, 2. Aufl., Heidelberg 2011, Rn. 488-693.

Schott, Paul Allan, Reference Guide to Anti-Money Laundering and Combating the Financing of Terrorism, 2. Aufl., Washington D.C. 2006.

Schwennicke, Andreas; Auerbach, Dirk, Kreditwesengesetz (KWG). Kommentar, München 2009 (zitiert: Bearbeiter in AS-KWG)

Seibert, Holger: Die Haftung der Empfängerbank im Überweisungsverkehr für unterlassene Warnhinweise und Geldwäsche-Verdachtsanzeigen: Risiken und Vorbeugungsmaßnahmen. In: WM 62/43, 2008, S. 2006-2012.

Wolf, Martin: Der Compliance-Officer – Garant, hoheitlich Beauftragter oder Berater im Unternehmensinteresse zwischen Zivil-, Straf- und Aufsichtsrecht? In: BB, 22, 2011, S. 1353-1360.

Wybitul, Tim: Strafbarkeitsrisiken für Compliance-Verantwortliche. In: BB, 48, 2009, S. 2590-2593.

Zentes, Uta; Wybitul, Tim: Neuer § 25c KWG und Datenschutz – Interne Sicherungsmaßnahmen zur Bekämpfung strafbarer Handlungen und das BDSG. In: Grieser, Simon; Heemann, Manfred (Hg.): Bankenaufsicht nach der Finanzmarktkrise, Frankfurt am Main 2011, S. 551-580.